Diplomica Verlag

MIX
Papier aus verantwortungsvollen Quellen
Paper from responsible sources
FSC® C105338

Felix Merz

China und die Weltwirtschaftskrise 2008

Eine Analyse ausgewählter Probleme
hinsichtlich ihrer Ursachen, Auswirkungen
und Gegenmaßnahmen

Merz, Felix: China und die Weltwirtschaftskrise 2008: Eine Analyse ausgewählter Probleme hinsichtlich ihrer Ursachen, Auswirkungen und Gegenmaßnahmen, Hamburg, Diplomica Verlag GmbH

ISBN: 978-3-8428-8403-8

Bibliografische Information der Deutschen Nationalbibliothek:
Die Deutsche Nationalbibliothek verzeichnet diese Publikation in der Deutschen Nationalbibliografie;
detaillierte bibliografische Daten sind im Internet über http://dnb.d-nb.de abrufbar.

Die digitale Ausgabe (eBook-Ausgabe) dieses Titels trägt die ISBN 978-3-8428-3403-3 und kann über den Handel oder den Verlag bezogen werden.

Meiner Mutter Kerstin,

meiner Großmutter Elke und meinem Großvater Gustav

All' meine Gedanken, die ich habe,

sind bei ihnen...

Inhaltsverzeichnis

Abbildungsverzeichnis

1 Einleitung

Die Einführung soll einen Überblick von der aktuellen Situation in China geben, die in der Problemstellung beschrieben wird. Anschließend wird auf die Zielstellung und das methodische Vorgehen eingegangen.

1.1 Problemstellung

Die seit 2007 andauernde Finanz- bzw. Bankenkrise hat ab 2008 die Weltwirtschaft entscheidend beeinflusst und geschwächt. Für die Volksrepublik China ist dies die erste wirkliche Krise seit der 1978 begonnenen Öffnungspolitik.[1] Das Land ist von der Weltfinanzkrise weniger betroffen als von den real- und finanzwirtschaftlichen Folgen des weltweiten Abschwungs.

Die bisher tragende Säule des Aufschwungs, der Export, bricht China im Zuge der Weltwirtschaftskrise zunehmend weg. Im Oktober 2008 stiegen die Ausfuhren noch um 13%. Allerdings setzt seit Dezember 2008 ein anhaltender Rückgang ein, der derzeit bei geschätzten 26% liegt.[2] Die Exportwirtschaft macht in China in etwa 10% der gesamten volkswirtschaftlichen Wertschöpfung aus.[3]

Der Einbruch im Export schlägt direkt auf den Arbeitsmarkt durch. Rund 6% der chinesischen Arbeitskräfte sind in exportorientierten Branchen tätig. Aufgrund der globalen Rezession sind die Auftragsbücher leer, was Arbeitsplätze im zweistelligen Millionenbereich gefährdet. Bisher haben nach Angaben der chinesischen Regierung schätzungsweise 20 Millionen Wanderarbeiter ihre Anstellung verloren. Ungefähr 20 Millionen Arbeiter aus der

---

1 Vgl. Awe, Thomas, „Zur chinesischen Einschätzung und Auswirkung der globalen Wirtschafts- und Finanzkrise auf Provinzebene“, Sonderbericht der Konrad Adenauer Stiftung e.V., Berlin Januar 2009: S. 1.

2 Vgl. http://magazine.web.de/de/themen/finanzen/newsticker/7776706-ChinaWeltretter-oderWortbruechige-EuramS,cc=000005549900077767061YzJR7.html (Zugriff am 16.03.2009 um 9:35 Uhr).

3 Vgl. Kleining, Jochen, „Zwischen Hoffen und Bangen“, Länderbericht zur Volksrepublik China der Konrad Adenauer Stiftung e.V., Berlin Januar 2009: S. 3.

beschäftigungsintensiven Bauwirtschaft sind zusätzlich akut gefährdet, bald ihre Arbeit zu verlieren.[4]

Finanz- und geldpolitisch droht China ein Anstieg der Inflationsrate. Das inländische Preisniveau ist im Februar auf -1,6% gesunken und damit seit Dezember 2002 erstmals wieder im negativen Bereich.[5] Dies ist unter anderem auf den Rückgang der Rohstoffpreise zurückzuführen, welche positive Effekte auf die Erzeugerpreise haben. Aufgrund der eingeleiteten konjunkturstabilisierenden wirtschaftspolitischen Maßnahmen wird allerdings für das dritte Quartal 2009 mit einem deutlichen Anstieg der Verbraucherpreise gerechnet. Zum einen kommt durch eine erhöhte Staatsnachfrage für Inlandsinfrastrukturprojekte zusätzliches Geld in den Markt und zum anderen soll eine Ausweitung des Kreditvolumens für Unternehmen und private Verbraucher erfolgen, um die Binnenwirtschaft zu stimulieren.[6]

1.2 Zielstellung

Dieses Buch hat sich zum Ziel gesetzt, ausgewählte aktuelle Probleme der chinesischen Volkswirtschaft resultierend aus der Weltwirtschaftskrise vorzustellen und einige methodisch-theoretische Lösungsansätze für diese konkreten Herausforderungen modellmäßig aufzuzeigen.

Anhand von wirtschaftswissenschaftlichen Modellen werden die Probleme monetären Ursprungs und deren Auswirkungen auf die chinesische Volkswirtschaft dargestellt und einer kritischen Betrachtung unterzogen. Die Lösungsansätze basieren auf den eingeleiteten wirtschaftspolitischen Maßnahmen der chinesischen Regierung zur Stützung der heimischen Volkswirtschaft.

---

4 Vgl. http://www.zeit.de/2009/06/Kasten-China (Zugriff am 30.03.2009 um 8:59 Uhr).

5 Vgl. http://www.boerse-go.de/nachricht/China-Inflationsrate-erstmals-seit-2002 negativ,a1181701.html (Zugriff am 16.03.2009 um 8.30 Uhr).

6 Vgl. http://www.manager-magazin.de/unternehmen/vwdnews/0,2828ticker 28250349,00.html (Zugriff am 16.03. 2009 um 8.35 Uhr).

1.3 Methodisches Vorgehen

Gegenstand des Buches ist die Darstellung aktueller Probleme der chinesischen Volkswirtschaft resultierend aus der Weltwirtschaftskrise.

In der Einleitung werden die Problemstellung und die Zielstellung der Untersuchung erläutert und die methodische Vorgehensweise beschrieben.

Der Hauptteil des vorliegenden Buches gliedert sich wie folgt: Im ersten Teil werden die notwendigen Grundlagen gelegt. Dazu zählen neben einem Überblick zu China auch deren Volkswirtschaft und wesentliche Informationen zur Weltwirtschaftskrise. Der zweite Teil der Untersuchung beschäftigt sich mit aktuellen Problemen der chinesischen Volkswirtschaft. Dabei wird auf die Inflation, die Arbeitslosigkeit und die einbrechende Exportwirtschaft eingegangen. Im letzen Teil des Buches erfolgt mit Hilfe einer Auswahl wirtschaftswissenschaftlicher Modelle eine Darstellung der Probleme monetären Ursprungs sowie deren Auswirkungen auf die chinesische Volkswirtschaft. Dabei kommen die Theorie der Transmission, das IS-LM-Modell und die Theorie der Transmission monetärer Impulse zum Einsatz. Die methodisch-theoretischen Lösungsansätze basieren auf den eingeleiteten wirtschaftspolitischen Maßnahmen der chinesischen Regierung.

Die Untersuchung schließt mit Ergebnissen, Maßnahmen und Konsequenzen.

2 Die chinesische Volkswirtschaft und deren Probleme resultierend aus der Weltwirtschaftskrise

2.1 Grundlagen

Im Rahmen der Grundlagen geht es um China, deren Volkswirtschaft und die Weltwirtschaftskrise.

2.1.1 China

Das im Osten des asiatischen Kontinents gelegene China bezeichnet sich selbst, übersetzt man den chinesischen Namen *„Zhonghua Renmin Gonghe-guo"*, als das „Reich der Mitte".[7] China ist mit ca. 1,3 Milliarden Menschen das bevölkerungsreichste Land und mit rund 9,6 Millionen km² hinter Russland und Kanada das flächenmäßig drittgrößte Land der Welt.[8] Der Jangtse (6.300 km) ist der dritt längste Fluss nach dem Nil und Amazonas und im südlich gelegenen Himalajagebirge, an der Grenze zu Nepal, ragt der höchste der Berg der Welt empor, der Mount Everest (8.848 m) – das „Dach der Welt".[9] Die Hauptstadt des Landes ist Peking (Beijing) mit ca. 17 Millionen Einwohnern.[10] Das Regierungssystem Chinas ist autoritär. An der Spitze des Landes steht Wen Jiabao als Regierungschef und Ministerpräsident des Staatsrates.[11] Er wurde 2008 für weitere fünf Jahre gewählt. Es herrscht ein Machtmonopol der Kommunistischen Partei Chinas, eine Opposition gibt es nicht.[12]

Der auffallendste Unterschied zu den europäischen Staaten ist die Größe des Landes und die Bevölkerung des chinesischen Reiches - sprich ein

---

7 Vgl. Friedrich, Stefan, „Außenpolitik", erschienen in Informationen zur politischen Bildung – Volksrepublik China - der Bundeszentrale für politische Bildung, Heft Nr. 289, Bonn 2005:
S. 61.

8 Vgl. http://stat.wto.org/CountryProfile/WSDBCountryPFView.aspx?Language=E&Country=CN (Zugriff am 23.03.2009 um 9:26 Uhr).

9 Vgl. http://uebersicht.chinaweb.de/ (Zugriff am 23.03.3009 um 9:59 Uhr) und http://www.chinafuehrer.de/de/page/china-reisefuehrer (Zugriff am 23.03.2009 um 10:02 Uhr).

10 Vgl. http://www.auswaertiges-amt.de/diplo/de/Laenderinformationen/01-Laender/China.html (Zugriff am 23.03.2009 um 10:05 Uhr).

11 Vgl. http://www.auswaertiges-amt.de/diplo/de/Laenderinformationen/01-Laender/China.html (Zugriff am 23.03.2009 um 12:08 Uhr).

12 Weiterführende Literatur zum politischen System Chinas z.B. unter www.bpb.de.

Europa vereinigt unter einem Souverän.[13] Der chinesische Binnenmarkt ist in seiner Ausdehnung nicht viel kleiner als der Absatzmarkt aller europäischen Länder zusammen.

Die chinesische Amtssprache ist Standard-Hochchinesisch *„Putonghua"* (Mandarin) und gehört zu den am meisten gesprochenen und ältesten Sprachen unserer Welt. Ihre Anfänge liegen im zweiten Jahrtausend vor Christus. Sie ist sehr grafisch, komplex, bildhaft, vieldeutig und besitzt ca. 80.000 Schriftzeichen, von denen allerdings nur 5.000 häufig verwendet werden.[14] Aufgrund dessen ist die Analphabetenrate von rund 10% (2007) in China sehr hoch - im Vergleich zu Deutschland mit ca. 4,8%.[15] Das heißt ungefähr 116 Millionen Chinesen beherrschen weniger als 1.500 Schriftzeichen. Daneben werden viele weitere regional variierende Dialekte sowie einzelne Minderheitssprachen (z.B. Tibetisch, Mongolisch) gesprochen.

Die chinesische Gesellschaft setzt sich aus 56 Bevölkerungsgruppen zusammen, wobei mit 92% der Han-Chinesen (der eigentlichen Chinesen) eine klare zahlenmäßige Dominanz herrscht.[16] Die anderen nationalen Minderheiten, beispielsweise die Tibeter, leben überwiegend in autonomen Gebieten und Bezirken, was auf die Kulturrevolution zurückzuführen ist.[17] Seit 1980 findet eine rasante Urbanisierung statt, bei der mehr als 250 Millionen Menschen vom Land in die Städte ziehen. 800 Millionen Menschen leben auch heute noch in tief agrarisch geprägten Regionen, was knapp der Einwohnerzahl des gesamten afrikanischen Kontinents entspricht.[18] Das hat ein immer größer werdendes Einkommensgefälle zwischen der traditionellen Landbevölkerung und den wirtschaftlich florierenden Küstenregionen zur

---

13 Vgl. Arrighi, Giovanni, „Adam Smith in Beijing – Die Genealogie des 21. Jahrhunderts", Hamburg 2007: S. 16.

14 Vgl. Zinzius, Birgit, „China Handbuch für Manager – Kultur, Verhalten und Arbeiten im Reich der Mitte", Berlin – Heidelberg 2007: S. 94.

15 Vgl. http://bildungsklick.de/pm/62716/in-deutschland-gibt-es-schaetzungsweise-vier-millionenfunktionale-analphabeten/ (Zugriff am 18.3.2009 um 13:39 Uhr) und http://www.boersenblatt.net/179047//template/b4_tpl_blog_china/ (Zugriff am 18.03.2009 um 13:23 Uhr).

16 Vgl. http://www.chinaseite.de/china-reise/china-kurzinfos.html (Zugriff am 23.03.2009 um 10:21 Uhr).

17 Vgl. VEB Bibliographisches Institut Leipzig, Universal Lexikon, Band 1, Leipzig 1985: S. 361.

18 Vgl.http://www.kfwentwicklungsbank.de/DE_Home/Laender_Programme_und_Projekte/Asien/China/Landesinformation.jsp (Zugriff am 05.04.2009 um 10:42 Uhr).

Folge.[19] Aufgrund der praktizierten *„Einkind-Politik“* vollzieht sich eine schnelle Alterung der Gesellschaft.[20] Der Gesellschaftsform der Chinesen liegen die Wertvorstellungen des Konfuzianismus zugrunde. So ist das Individuum nur von geringer Bedeutung. Was zählt ist der Mensch in seiner Funktion als Teil der Gemeinschaft, besonders in der Familie.[21]

Zu den wichtigsten Religionen in China zählen der Buddhismus, der Daoismus (Taoismus) und der Islam.[22] Das Christentum ist nur durch Minderheiten vertreten.[23] Den wohl am größten kultur-, verhaltens- und identitätsstiftenden Einfluss übt die moralphilosophische Lehre des Konfuzianismus aus. Diese soll nachfolgend kurz dargestellt werden. Die konfuzianische Philosophie wurde von Konfuzius (551-479 v. Chr.) gegründet. Er sieht die Gesellschaft als ein geordnetes, hierarchisches und patriarchalisches Ganzes und definiert diese über die zwischen ihnen bestehenden Beziehungen und Abhängigkeiten (Prinzip der Reziprozität).[24] Die Familie ist die kleinste Einheit des Systems und die Keimzelle der Gesellschaft. Nach Konfuzius gibt es *„fünf menschliche Grundprinzipien“*. Diese sollen in der nachfolgenden Abbildung darstellt werden:

Funktion	**Verhältnis**				
Schutz & Fürsorge	Herrscher	Vater	Älterer Bruder	Älterer Freund	Mann
Respekt, Treue & Gehorsam	Untergebener	Sohn	Jüngerer Bruder	Jüngerer Freund	Frau

Abbildung 1: Die fünf menschlichen Grundprinzipien des Konfuzius[25]

19 Vgl. Zinzius, Birgit, a.a.O.: S. 12 – 14.

20 Vgl. Heberer, Thomas, „Gesellschaft im Umbruch“, erschienen in Informationen zur politischen Bildung – Volksrepublik China - der Bundeszentrale für politische Bildung, Heft Nr. 289, Bonn 2005: S. 36.

21 Vgl. Zinzius, Birgit, a.a.O.: S. 46.

22 Weiterführende Literatur z.B. Grabner-Haider, Anton: „Ethos der Weltkulturen“.

23 Vgl. http://www.china-guide.de/china/China-A-Z/religion.html (Zugriff am 23.03.2009 um 10:45 Uhr).

24 Vgl. Ming-Jer Chen, „Geschäfte machen mit Chinesen – Insiderwissen für Manager“, Frankfurt / Main 2004: S. 34.

25 Eigene Darstellung in Anlehnung an Zinzius, Birgit, a.a.O.: S. 25.

Der Konfuzianismus war in der chinesischen Geschichte das System der Wertdeutung und Moral für die oberen sozialen Schichten – für Adel und Militär. Im Gegensatz dazu stellte der Daoismus die moralischen Regeln für die mittleren und unteren sozialen Schichten dar – für Sklaven, Bauern, Hirten, Händler und Handwerker.[26] Der Konfuzianismus prägt heute entscheidend die gesellschaftlichen Regeln und hat damit Einfluss auf alle Lebensbereiche – so auch auf die Wirtschaft. Beispielsweise könnte die Grundtugend der Sparsamkeit die hohe Sparquote (40% der Nettoeinkünfte[27]) der Chinesen erklären.

Unabdingbar für ein tieferes Verständnis des modernen China und dessen Probleme ist die Kenntnis seiner historischen Voraussetzungen.[28] Nachfolgend soll allerdings nur auf die geschichtlichen Ereignisse ab 1949 eingegangen werden.[29]

In jenem Jahr rief der Vorsitzende der Kommunistischen Partei Chinas (KPCh) Mao Tsetung in Beijing die Gründung der Volksrepublik China (VR China) aus, nach einem jahrelangen Kampf gegen Chiang Kaishek und seine Nationalchinesische Volkspartei Goumindang – welche auf die Insel Taiwan flüchtete.[30] Es erfolgte ein konsequenter sozialistischer Umbau des Landes, in dem Großgrundbesitzer enteignet, das Land umverteilt und die Planwirtschaft eingeführt wurden.[31] Mao führte radikale Entwicklungsexperimente und Massenkampagnen durch. Mit dem *„Großen Sprung nach vorn"* 1958 sollte der Versuch einer Industrialisierung unternommen werden, um ökonomische und technische Vorbedingungen wettzumachen und um ein schnelleres Wirtschaftswachstum zu erreichen. Dieser Versuch mündete allerdings in den Hungersnöten der *„Drei bitteren Jahre"* (1959-1961), denen ca. 30

---

[26] Vgl. Grabner-Haider, Anton, „Ethos der Weltkulturen – Religion und Ethik", Göttingen 2006: S. 104.

[27] Vgl. Himmelmann, Hermann / Hungerbach, Jürgen, „Warum die Chinesen keiner versteht – und wie man trotzdem mit ihnen Geschäfte macht", München 2008: S: 111.

[28] Vgl. Heilmann, Sebastian, „Kurze Geschichte der Volksrepublik China", erschienen in Informationen zur politischen Bildung – Volksrepublik China - der Bundeszentrale für politische Bildung, Heft Nr. 289, Bonn 2005: S. 5.

[29] Weiterführende wissenschaftliche Literatur zur chinesischen Geschichte z.B. bei Lovell, Julia: „Die große Mauer".

[30] Vgl. Zinzius, Birgit, a.a.O.: S. 3.

[31] Vgl. http://www.china-guide.de/china/geschichte/4f.befreiungskrieg.html (Zugriff am 23.03.2009 um 14:45 Uhr).

Millionen Menschen zum Opfer fielen.[32] Um die Machtkämpfe innerhalb der Partei zu beenden, wurde 1966 die *„Große Proletarische Kulturrevolution"* offizielle Parteilinie. Die sogenannten Roten Garden – eine Art Gesinnungspolizei – sollten die Intellektuellen und reaktionär Denkenden ausschalten. Bis zum Ende der Kulturrevolution wurde jeder verfolgt, öffentlich gefoltert oder in Arbeitslager gesteckt, der die Partei brandmarkte.[33] Dieser Säuberungsaktion durch beispiellosen Terror vielen mindestens drei Millionen Menschen zum Opfer.[34]

Nach dem Tod Maos 1976 wurde Deng Xiaoping sein Nachfolger. Zu Beginn seiner Amtszeit herrschte in China chronischer Mangel an Devisen, niedrige Faktorproduktivität und technologische Rückständigkeit.[35] 1978 erklärte er die *„sozialistische Modernisierung der Wirtschaft"* zum Schwerpunkt und leitete einen Kurs wirtschaftlicher Liberalisierung und Öffnung zum Westen ein, um Chinas Rückständigkeit zu überwinden.[36] Das bedeutete die Entkollektivierung der Landwirtschaft zur kleinbäuerlichen Produktion, die Steigerung der Entscheidungsautonomie in Betrieben und eine begrenzte Zulassung privater unternehmerischer Initiative.[37] Mit der Öffnung zum Westen sollte gezielt ausländisches Kapital nach China fließen und eine intensive Nutzung stattfinden, um die Wirtschaft des Landes aufzubauen (erste Joint Ventures entstanden). 1979 erfolgte die Aufnahme erster diplomatischer Beziehungen zu den USA und 1980 die Gründung der Sonderwirtschaftszonen[38] Shenzen, Zhuhai, Shantou und Xiamen.[39]

Mit der außenpolitischen Öffnung wuchs der Wunsch im Volk, angetrieben durch die Verschlechterung der materiellen Lage der Studenten, nach mehr

---

[32] Vgl. Heilmann, Sebastian, a.a.O.: S. 7.

[33] Vgl. Stahl, Sabine / Mihr, Ulrich, „Die Krallen der Tiger und Drachen – Wirtschaftsboom und Selbstbewusstsein in Asien", München 1995: S. 140.

[34] Vgl. Zinzius, Birgit, a.a.O.: S. 5.

[35] Vgl. Schütze, Wolfgang, „China im Wandel – Freie Wirtschaft und Herrschaft der Partei", Lüneburg 1995: S. 29.

[36] Vgl. Heilmann, Sebastian, a.a.O.: S. 8.

[37] Vgl. Sandschneider, Eberhard, „Globale Rivalen – Chinas unheimlicher Aufstieg und die Ohnmacht des Westens", München 2007: S. 58.

[38] Dio Sonderwirtschaftszonen sind entstanden, um die Findringung europäischen und amerikanischen Gedankengutes in die Volksrepublik China zu verhindern.

[39] Vgl. Himmelmann, Hermann / Hungerbach, Jürgen, a.a.O.: S. 235.

Freiheit und Demokratie. [40] Die Proteste konnten anfangs noch eingeschränkt werden, fanden allerdings im Frühjahr 1989 auf dem Tianamen-Platz in Beijing ihren Höhepunkt.[41] Mit einem brutalen Massaker am 4. Juni durch das Militär und einer anschließenden Verhaftungs- und Hinrichtungswelle, bei der Tausende ihr Leben verloren, wurden die Proteste niedergeschlagen.[42] Diese China nach außen diskreditierenden Ereignisse brachten eine Zeit der Stagnation und Repression.

Die Partei hielt dennoch an ihrem politischen Ziel, der *„sozialistischen Marktwirtschaft"*, fest und bekräftigte dies durch die 1992 eingeleiteten Reformmaßnahmen – beispielsweise die Befreiung der Gütermärkte von planwirtschaftlichen Elementen sowie die Einräumung der freien Arbeitgeberwahl.[43] Als 1997 Deng Xiaoping starb, setzte sein Nachfolger Jiang Zemin sein politisches Reformwerk mit aller Konsequenz fort, ob es sich um die Bekämpfung von Korruption, die Reform des Banken- und Finanzwesens oder die wirtschaftliche Erschließung Westchinas handelte.[44] 2001 erfolgte der Betritt Chinas zur Welthandelsorganisation (WTO) und 2008 fanden die mit 32,5 Milliarden Euro teuersten Olympischen Sommerspiele in Peking statt. Das nächste große internationale Ereignis für China ist 2010 die Weltausstellung in Shanghai, die unter dem ökologisch orientieren Thema „Better City, Better Life" steht.[45]

In einem Zeitraum von wenigen Jahren ist China zu einer Wirtschaftsmacht, einer zunehmend starken politischen Kraft Asiens und einer großen Handelsmacht geworden und stellt damit einen wichtigen Markt für exportorientierte Staaten dar.[46]

---

40 Vgl. Schütze, Wolfgang, a.a.O.: S. 45.
41 Vgl. Becker, Helmut / Staub, Nils, „Drachenflug – Wirtschaftswunder China qou vadis?", Berlin – Heidelberg 2008: S. 36.
42 Vgl. Zinzius, Birgit, a.a.O.: S. 6.
43 Vgl. Becker, Helmut / Staub, Nils, a.a.O.: S. 38.
44 Vgl. Sandschneider, Eberhard, a.a.O.: S. 69.
45 Vgl. Zinzius, Birgit, a.a.O.: S. 11.
46 Vgl. Arrighi, Giovanni, a.a.O.: S. 262.

2.1.2 Volkswirtschaft

Es soll zunächst ein Überblick über die chinesische Volkswirtschaft gegeben werden und anschließend eine sektorale Betrachtung stattfinden.

Mit einem zweistelligen Wachstum über viele Jahre hinweg ist China zu einem *„global player"* geworden. Chinas Beitrag zum Weltwirtschaftswachstum liegt ungefähr bei einem Drittel.[47] In den Jahren 2001 bis 2004 war China für ein Drittel des gesamten Zuwachses im weltweiten Importvolumen verantwortlich.[48] Gemessen am Bruttoinlandsprodukt 2008 ist China die drittgrößte Volkswirtschaft der Welt, hinter den Vereinigten Staaten und Japan gelegen, allerdings vor Deutschland. Ein Vergleich des Bruttoinlandsproduktes pro Kopf mit Deutschland (40.400 US-Dollar) zeigt allerdings, das China immer noch den Rang eines Entwicklungslandes[49] hat.[50]

In der nachfolgenden Abbildung werden wichtige ökonomische Größen der Volksrepublik China dargestellt:

47 Vgl. http://www.jjahnke.net/china.html (Zugriff am 30.03.2009 um 14:52 Uhr).

48 Vgl. Arrighi, Giovanni, a.a.O.: S. 261.

49 In Anlehnung an die Kriterien der Weltbank: http://go.worldbank.org/K2CKM78CC0 (Zugriff am 02.04.2009 um 9:27 Uhr).

50 Vgl. http://www.imf.org/external/pubs/ft/weo/2008/01/weodata/weorept.aspx?pr.x=42&pr.y=5&y=2007&ey=2007&scsm=1&ssd=1&sort=country (Zugriff am 02.04.2009 um 14:12 Uhr).

Indikator	2005	2006	2007	2008*	2009*
BIP (Mrd. US-$)	2235,7	2657,8	3280,2	4222,4	4772,3
BIP – Wachstum (%)	10,4	11,6	11,9	9,0	6,3
BIP / Kopf (US-$)	2235,8	2021,8	2483,1	3180,4	3576,7
Inflation (%)	1,8	1,5	4,8	6,4	4,3
Arbeitslosigkeit (in den Städten)	4,2	4,1	4,0	nicht verfügbar	nicht verfügbar
Haushaltssaldo (% des BIP)	-1,2	-1,0	0,7	nicht verfügbar	nicht verfügbar
Außenhandel (Mrd. US-$)					
Importe	660	791,5	955,8	1200	nicht verfügbar
Exporte	762	968,9	1217,9	1480	
Saldo	102	177,4	261,1	280	
Devisenreserven (Mrd. US-$)	822	1069	1530	1946	nicht verfügbar

Abbildung 2: Volkswirtschaftliche Kenngrößen[51] (*vorläufige Prognose)

Das chinesische Bruttoinlandsprodukt ist seit Beginn der 90er Jahre stetig mit durchschnittlich 10% gewachsen. Aufgrund der weltweiten Rezession kann auch China dieses Wachstum nicht mehr halten und erreichte 2008 ein Wirtschaftswachstum unter 10%. Die chinesische Führung hat auf dem diesjährigen Volkskongress ein Wachstumsziel von 8% erklärt. Allerdings erwarten der Internationale Währungsfonds (IWF) und die Organisation für wirtschaftliche Kooperation und Entwicklung (OECD) nur ein Wachstum von

[51] Eigene Darstellung in Anlehnung an http://www.imf.org/external/pubs/ft/weo/2008/02/weodata/weorept.aspx?sy=2000&ey=2010&scsm=1&ssd=1&sort=country&ds=.&br=1&pr1.x=64&pr1.y=14&c=924&s=NGDP_R%2CNGDP_RPCH%2CNGDP%2CNGDPD%2CNGDP_D%2CNGDPRPC%2CNGDPPC%2CNGDPDPC%2CPPPGDP%2CPPPPC%2CPPPSH%2CPPPEX%2CPCPI%2CPCPIPCH%2CPCPIE%2CPCPIEPCH%2CLP%2CBCA%2CBCA_NGDPD&grp=0&a (Zugriff am 02.04.2009 um 12:48 Uhr) und Germany Trade and Invest – Gesellschaft für Außenwirtschaft und Standortmarketing mbH, „Wirtschaftsdaten kompakt – China", Köln 2008: S. 1 – 3.

rund 6% oder darunter.[52] Diese Prognose scheint sich zu bekräftigen, denn im ersten Quartal 2009 lag das Wirtschaftswachstum, laut Aussage des chinesischen Statistikamtes, gerundet bei 6,1%.

Zu Beginn des Jahres 2008 prognostizierten die statischen Ämter eine Inflationsrate von 7,9%. Durch die nachlassende Konjunktur sank die Rate auf 4,6% im ersten Halbjahr 2008.[53] Im Februar dieses Jahres war die Inflation erstmals seit 2002 mit -1,6% wieder negativ. Ab der zweiten Jahreshälfte wird mit einem Anstieg der Inflationsrate auf ca. 6% gerechnet.

In China gab es nach offiziell bestätigten Angaben 2006 764 Millionen Erwerbstätige, wovon 283 Millionen in den Städten tätig waren. Laut Angaben der deutschen Botschaft in Peking betrug die Arbeitslosenquote rund 4%, was einer Anzahl von 8,4 Millionen registrierten Arbeitslosen entspricht. Dies wohlgemerkt nur in den Städten.[54]

Für das Jahr 2008 wird mit einem weiteren Haushaltsüberschuss gerechnet, was der chinesischen Führung auch weitere fiskalische Maßnahmen erlauben, wie beispielsweise das vom Volkskongress im Frühjahr dieses Jahres verabschiedete Konjunkturpaket über mehr als 470 Milliarden Euro.[55]

Die Exportwirtschaft ist die treibende Kraft für Chinas gigantisches Wirtschaftswachstum gewesen. Seit Mitte des Jahres 2008 bricht diese wichtige Säule allerdings nach und nach zusammen. Die Ausfuhr lag im Februar 2009 26% unter dem Wert des Vorjahres. Dem Exportrückgang folgte der Import. Er ist nach ersten Schätzungen um 24% gesunken. Damit betrug der Außenhandelsüberschuss nur noch 4,8 Milliarden Dollar – Tendenz sinkend.[56]

---

[52] Vgl. Esterhazy, Yvonne / Henry, Andreas / Kamp, Matthias / u.A., „Totaler Absturz“, erschienen in der Wirtschaftswoche vom 30.03.2009, Nr. 14, Düsseldorf 2009: S. 24.

[53] Vgl. http://www.auswaertiges-amt.de/diplo/de/Laenderinformationen/China/Wirtschaft.html (Zugriff am 02.04.2009 um 14:34 Uhr).

[54] Vgl. Ohne Verfasser, „Wirtschaftsdaten kompakt“, Deutsche Botschaft in Peking, Peking März 2008: S. 2.

[55] Vgl. Fähnders, Till, „Wen Jiabao verbreitet Zuversicht“, erschienen in der Frankfurter Allgemeinen Zeitung vom 14.03.2009, Nr. 62 / 11 D2, Frankfurt / Main 2009: S. 5.

[56] Vgl. Hess, Dorit / Hoffbauer, Andreas, „Chinas Exporteuren geht die Luft aus“, erschienen im Handelsblatt vom 12.03.2009, Nr. 50, Düsseldorf 2009: S. 9.

Durch die boomende Exportwirtschaft häufte sich China über die letzten Jahrzehnte die weltweit größten Währungsreserven an: Die Volksrepublik verfügt über knapp 2 Billionen Dollar – das entspricht 29% der globalen Reserven.[57] 700 Milliarden Dollar davon sind in US-Staatsanleihen investiert, wodurch die Chinesen der größte Gläubiger der USA sind.[58]

Im Folgenden wird sich der sektoralen Struktur der chinesischen Volkswirtschaft zugewendet. China ist eine industriell geprägte Agrargesellschaft, aber gleichzeitig auch eine hochmoderne Konsumgesellschaft nach amerikanischem Vorbild. In den letzten 50 Jahren hat sich das Verhältnis der drei Sektoren im großen Maß verändert. In den 50er Jahren lag der Anteil des Primärsektors noch bei 45%, während die Industrie- und Dienstleistungsbranche 34% und 20% zum Bruttoinlandsprodukt beigetragen haben.[59]

Die unten stehende Abbildung stellt im Überblick die aktuelle Situation in den Wirtschaftssektoren dar:

Sektor	**Anteil am BIP (%)**	**Anteil der Beschäftigten (%)**	**Wachstum (%)**
Primärsektor	8	43	5,5
Sekundärsektor	60	25	9,4
Tertiärsektor	32	32	9,5

Abbildung 3: Bedeutung der Wirtschaftssektoren 2008[60]

57 Vgl. Hein, Christoph, „China in Sorge um amerikanische Staatsanleihen, erschienen in der Frankfurter Allgemeinen Zeitung vom 14.03.2009, Nr. 62 / D2, Frankfurt / Main 2009: S. 15.

58 Vgl. Esterhazy, Yvonne / Henry, Andreas / Kamp, Matthias / u.A., a.a.O.: S. 21 .

59 Vgl. http://german.cri.cn/chinaabc/chapter3/chapter30201.htm (Zugriff am 03.04.2009 um 9:15 Uhr).

60 Eigene Darstellung in Anlehnung an http://www.auswaertigesamt.de/diplo/de/Laender informationen/China/Wirtschaft.html (Zugriff am 02.04.2009 um 9:11 Uhr).

Die folgende Abbildung zeigt die Entwicklung der Beiträge der einzelnen Wirtschaftssektoren zum Wachstum des Bruttoinlandsproduktes (GDP = Gross Domestic Product):

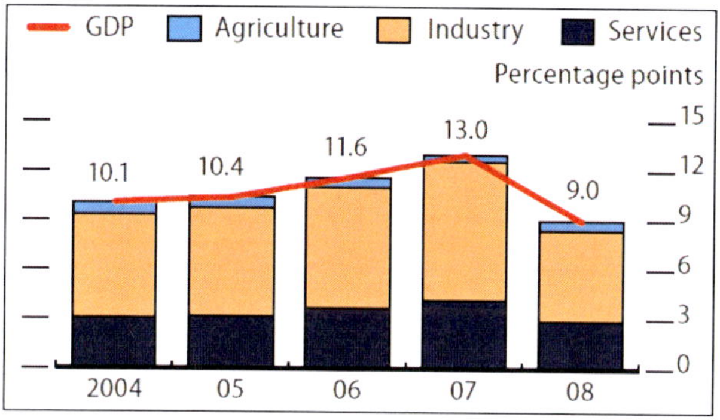

Abbildung 4: Beitrag der Wirtschaftssektoren zum BIP-Wachstum[61]

Der landwirtschaftliche Sektor ist relativ wenig an der Entstehung des Bruttoinlandsproduktes beteiligt, zählt aber trotzdem als Hauptwirtschaftsbereich Chinas und hat eine große Bedeutung für das Land. Nicht nur aus dem Grund, dass er fast die Hälfte aller chinesischen Erwerbstätigen beschäftigt, sondern da er 20% der Weltbevölkerung ernähren muss.[62] Infolge der natürlichen Gegebenheiten sind allerdings nur 40% der Landfläche für die landwirtschaftliche Produktion geeignet, was 7% der Weltanbaufläche entspricht.[63] Die produzierten Erzeugnisse werden ausschließlich für den Eigenbedarf verwendet – ein Export findet einzig für Reis statt. Die wichtigsten Agrarprodukte sind Getreide, Baumwolle, Obst, Fleisch, Ölpflanzen und Zuckerrohr. Der hohe Beschäftigungsanteil in der Landwirtschaft, in der keine besonders hohe Wertschöpfung stattfindet, belegt wiederum, dass China ein immer noch wenig entwickeltes Land ist. Vergleichsweise sind in Deutschland nur rund 3% der Erwerbstätigen im Agrarsektor tätig. Deswegen hat die chinesische Regierung mit dem *„Great Western Development Programme"*

---

61 http://www.adb.org/Documents/Books/ADO/2009/east-asia.pdf (Zugriff am 05.04.2009 um 11:37 Uhr).

62 Vgl. http://german.china.org.cn/german/137251.htm (Zugriff am 03.04.2009 um 8:39 Uhr).

63 Vgl. Brockhaus Enzyklopädie, Band 4, Mannheim 1987: S. 483.

größere Investitionen in diesen Sektor geplant, um eine koordinierte Entwicklung von Land und Stadt schrittweise zu verwirklichen.[64]

Die Industrie diente lange Zeit in erster Linie der Landwirtschaft als technischer Zulieferer, beispielsweise mit Maschinen, Geräten, Dünger- und Schädlingsbekämpfungsmitteln.[65] Heute erbringt die Industrie etwa die Hälfte der jährlichen Wirtschaftsleistung und ist überwiegend im Ostteil des Landes konzentriert – allen voran an den wirtschaftlich florierenden Küstenregionen. Seit den Reformen zur Öffnung es Landes wird der technologische und wirtschaftliche Austausch mit dem Ausland gefördert (z.B. durch Sonderwirtschaftszonen), welcher zum Aufbau einer starken Konsumgüterindustrie beiträgt.[66] Dadurch erlebte China unter anderem einen beachtlichen Aufschwung seit Anfang 1990 in der elektrotechnischen Industrie (z.B. Fernsehgeräte), im Baugewerbe und Maschinenbau, in der Erdölindustrie und der Automobilindustrie (z.B. VW, Brilliance [chinesischer Hersteller]). Stark von den Reformen, der langsam wachsenden Binnennachfrage und dem großen Exportboom der vergangen Jahre profitierte vor allem die Leichtindustrie (z.B. Textilien und Bekleidung produziert „Made in China").[67]

Im Dienstleistungsbereich ist seit den 70er Jahren eine Zunahme des Beitrags zum Bruttoinlandsprodukt zu verzeichnen, mit einem durchschnittlichen Wachstum von rund 10%.[68] Dadurch ist auch der Anteil der Erwerbstätigen mittlerweile über den der Industrie gestiegen. Seit dem Beitritt zur Welthandelsorganisation 2001 und der damit verbundenen Öffnung des Sektors nehmen Engagements aus dem Ausland zu, vor allem im bis dahin unterentwickelten Banken- und Versicherungssektor.[69] Daneben sind die Gastronomie, der Tourismus und der Einzelhandel gut entwickelt. Der Anteil im Vergleich zu Ländern wie Deutschland oder den Vereinigten Staaten, in

---

64 Vgl. http://german.cri.cn/chinaabc/chapter3/chapter30202.htm (Zugriff am 03.04.2009 um 9:02 Uhr).

65 Vgl. Bibliographisches Institut Mannheim / Wien / Zürich, Meyers großes Universallexikon, Band 3, Mannheim 1981: S. 235.

66 Vgl. DIE ZEIT, "Das Lexikon – Mit dem Besten aus der Zeit – in 20 Bänden", Band 3, Hamburg 2005: S. 43.

67 Vgl. Geissbauer, Reinhard, „Wirtschaftspartner China", Bonn 1996: S. 21.

68 Vgl. http://www.china-guide.de/china/wirtschaft/dienstleistung.html (Zugriff am 04.04.2009 um 12:06 Uhr).

69 Vgl. Ohne Verfasser, „Wirtschaftsstrukturen und Chancen der VR China", Bundesministerium für Außenwirtschaft, Berlin 2007: S. 3.

denen zwischen 65% und 75% des Bruttoinlandsprodukts auf den tertiären Sektor entfallen, ist relativ gering. Ziel der chinesischen Regierung ist es, den Anteil am Bruttoinlandsprodukt bis 2020 auf mehr als die Hälfte zu erhöhen, um die massiven Arbeitsmarktprobleme in den Griff zubekommen.[70]

Chinas Volkswirtschaft ist mit vielen Problemen konfrontiert. Das Land ist einer der größten Umweltverschmutzer unserer Erde, die Bevölkerung altert überdurchschnittlich im Vergleich zum weltweiten Durchschnitt, die wirtschaftliche und infrastrukturelle Erschließung des Westens kostet viel Geld, die internationalen Qualitätsstandards für Lebensmittel und Spielwaren finden nur bedingt Beachtung und zunehmende Engpässe in der Versorgung mit Energie und Rohstoffen treten auf. Der hohe und unersättliche Bedarf an Öl treibt das Land nach Afrika. Im Jahr 2000 erließ China freiwillig 1,2 Milliarden Dollar afrikanische Staatsschulden, worauf sich in den nächsten Jahren der Handel auf über 40 Milliarden Dollar vervierfachte. Zusätzlich schickt China jedes Jahr mehr und mehr heimische Unternehmer auf den schwarzen Kontinent, um dort zu investieren – da westliche Firmen bisher kein großes Interesse daran zeigen.[71]

Die aktuellen Herausforderungen der Inflation, der Arbeitslosigkeit und der Exportwirtschaft werden im späteren Verlauf der Untersuchung detaillierter dargestellt.

2.1.3 Weltwirtschaftskrise

Der Begriff *„Weltwirtschaftskrise“* ist zur Zeit der *„Großen Depression“* entstanden, die 1929 mit einem gewaltigen Börsen-Crash begann und als Deflationsspirale in den folgenden Jahren die wichtigsten europäischen Industriestaaten erfasste.[72] Heute wird der Begriff in der öffentlichen Medienberichterstattung gerne als Parallele zur gegenwärtigen Krise herangezogen, um mahnend auf die wirtschaftlichen Folgen hinzuweisen.

---

70 Vgl. http://www.china-guide.de/china/wirtschaft/dienstleistung.html (Zugriff am 04.04.2009 um 12:10 Uhr).
71 Vgl. Arrighi, Giovanni, a.a.O.: S. 262.
72 Vgl. http://www.gwp-pb.de/texte/aktheft.html (Zugriff am 26.03.2009 um 13:15 Uhr).

Aus Verständlichkeits- und Platzgründen soll in diesem Abschnitt die gegenwärtige globale Wirtschaftskrise in einer verkürzten Darstellung beschrieben werden. Dabei steht im ersten Teil die Entwicklung der Krise im Vordergrund, im zweiten Teil die aktuelle Situation.

Das Vorspiel der Krise begann bereits im Jahr 2001 nach dem Platzen der *„Internetblase"* durch eine expansive Geldpolitik der amerikanischen Notenbank FED. Diese führte massive Leitzinssenkungen von 6,5% auf 1% bis zum Jahr 2003 durch, um den Banken eine hohe Liquidität zur Verfügung zu stellen.

Die nachfolgende Abbildung soll einen Überblick über die Entwicklung der Leitzinsen in den USA sowie im Euro-Raum, durch die Europäische Zentralbank (EZB), geben:

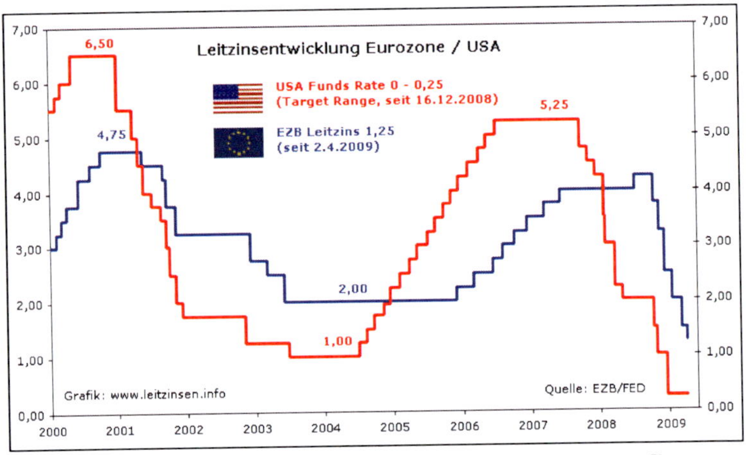

Abbildung 5: Leitzinsentwicklung in den USA und im Euro-Raum[73]

Die mit der Zinssenkung eingeleitete Niedrigzinspolitik gaben die Banken an ihre Kunden in Form von zinsgünstigen Krediten weiter. So sanken die Zinsen zwischen 2000 und 2003 für auf 30 Jahre festgeschriebene Hypothe-

[73] http://www.leitzinsen.info/ (Zugriff am 07.04.2009 um 13:51 Uh).

kenkredite um zweieinhalb Prozentpunkte auf 5,5%.[74] Im Zusammenhang dazu nahmen auch die Vergabe von Konsumentenkrediten und Kreditkartenkrediten zu. Eine steigende Nachfrage nach Immobilien in den USA, unter anderem angetrieben von den jährlichen Zuwanderern, brachte einen Aufschwung im Häusermarkt in Gang, welcher übertriebene Preissteigerungen zur Folge hatte – mitunter bis zu 60% über dem Jahresdurchschnitt von 1976 – 2000.[75] Dieser gefühlte Vermögenszuwachs ließ die Konsumneigung der Amerikaner anwachsen, die Sparquote kontinuierlich sinken und führte zu einem weltweiten Konjunkturaufschwung gefolgt von der Ausweitung der globalen Produktionskapazitäten, beispielsweise für Automobile (z.B. in Japan und Westeuropa), Immobilien (z.B. in den USA) oder Konsumgütern (etwa in China).[76]

Die Vergabe billiger Kredite vollzog sich auf dem so genannten *„Prime-Markt"* und *„Subprime-Markt"*. Der Unterschied zwischen beiden Märkten besteht darin, dass der erstere Markt sich Kreditschuldnern guter bis erstklassiger Bonität bedient, letzterer nicht.[77] Der *„Subprime-Markt"* war für die Krise der ausschlaggebende Faktor, denn es wurden variabel verzinste Kredite mit anfänglicher Zinsaussetzung an private Haushalte vergeben, welche finanziell gar nicht in der Lage waren, die Zins- und Tilgungsleistungen fristgerecht zu erbringen. In der Annahme weiter steigender Immobilienpreise wurden immer mehr Kredite auf die Eigenheime aufgenommen. Dies führte zu einer massiven Überschuldung der privaten Haushalte - bis zu 140% ihres verfügbaren Einkommens.[78] Ende 2006 wurde ein Kreditvolumen von 1.300 Milliarden US-Dollar, also 10% des Bruttoinlandsprodukts der USA, erreicht.[79]

---

[74] Vgl. Neubäumer, Renate, „ Ursachen und Wirkungen der Finanzkrise – eine ökonomische Analyse", erschienen im Wirtschaftsdienst – Zeitschrift für Wirtschaftspolitik, Nr. 11 / 2008, Hamburg 2008: S. 735.

[75] Vgl. Müller, Hendrik, „Nach der Orgie", erschienen im Managermagazin, Heft Nr. 11 / 2007, Hamburg 2008: S. 124.

[76] Vgl. Wagner, Robert, „Die internationale Finanzkrise – maybe we can´t?", Länderbericht zur USA der Konrad Adenauer Stiftung e.V., Berlin März 2009: S. 3 und 8.

[77] Die Einordnung eines Kreditschuldners in das jeweilige Marktsegment geschieht mit Hilfe des „Scoring-Verfahrens", welches mehrere verschiedene signifikante Merkmale der Schuldner überprüft und bewertet.

[78] Vgl. Müller, Hendrik, „Mit dem Rücken zur Wand", erschienen im Managermagazin, Heft Nr. 1 / 2009, Hamburg 2009: S. 98.

[79] Vgl. Haimann, Richard, „Teures Ende billigen Geldes", erschienen in dor Immobilienwirtschaft, Heft Nr. 9 / 2007, Freiburg 2007: S. 35.

Damit die Kreditinstitute die bis dahin anhaltende Kreditnachfrage bedienen konnten, griffen sie zur Technik der Verbriefung („*Securisation*“), wodurch es möglich wurde, die bisher ausgegebenen Kredite in Wertpapiere umzuwandeln, sie an Zweckgesellschaften („*SPV – Special Purpose Vehikel*“ bzw. Conduits) auszulagern und an Investoren weiter zu verkaufen, um ihre Bankbilanz für die Vergabe neuer Kredite zu säubern.[80] Die daraus entstanden Wertpapiere waren so genannte *„Asset-Backed-Securities“* (ABS), in ihrer speziellen Ausprägung *„Collateralised Debt Obligation“* (CDO). ABS sind Wertpapiere, die durch Vermögensgegenstände (z.B. Immobilien) gedeckt bzw. gesichert sind.[81] Einige Händler der Wall Street erkannten darin eine Möglichkeit, sehr schnell sehr viel Geld zu verdienen und entwickelten die CDO. Bei dieser Form werden mehrere Forderungsarten, z.B. Auto-, Hypotheken-, Konsumentenkredite oder Kreditkartenforderungen, miteinander vermischt und zu einem Paket von Wertpapieren gebündelt, welches in verschiedene Risikoklassen (Tranchen) eingeteilt wird, um die unterschiedlichen Risikoneigungen der Investoren zu bedienen.[82] Je risikoreichere Tranchen von den Investoren gekauft worden, desto höher war die ihnen versprochene Rendite. Typische Investoren waren Investmentbanken, Versicherungen, Fondsgesellschaften (z.B. Hedge-Fonds) und andere Banken rund um den Globus, welche in einer Periode starken globalen Wachstums, steigender internationaler Kapitalflüsse und einer ausgesprochen langen Phase der Preisniveaustabilität kontinuierlich nach höheren Renditen suchten. Jedoch versäumten die Finanzinvestoren die Risiken angemessen zu bewerten und vertrauten meist den Urteilen der Rating-Agenturen - und ließen zu häufig auch die übliche eigene Sorgfaltspflicht vermissen.[83]

---

80 Vgl. Böll, Sven / Papendick, Ulric, „Gier trifft Dummheit“, erschienen im Managermagazin, Heft Nr. 4 / 2008, Hamburg 2008: S. 8.

81 Vgl. Becker, Hans-Paul / Peppmeier, Arno, , „Bankbetriebslehre“, Ludwigshafen (Rhein) 2008: S. 201.

82 Vgl www.wissen.spiegel.de/wissen/dokument/46/31/dokument.html?titel= Subprime-Krise-&id=55551364&top=Lexikon&suchbegriff=finanzkrise&quellen= &qcrubrik=wirtschaft (Zugriff am 09.04.2009 um 8:53 Uhr).

83 Vgl. Müller, Klaus-Peter, „Lehren aus der Finanzmarktkrise – Hat die soziale Marktwirtschaft versagt?“, Analysen und Argumente der Konrad Adenauer Stiftung e.V., Ausgabe 63, Berlin März 2009: S. 5.

Zwischen 2004 und 2006 setzte wieder eine restriktive Geldpolitik, in Form von Leitzinserhöhungen, der amerikanischen Zentralbank FED ein. Damit stiegen die variabel verzinsten Kredite für Schuldner schlechter Bonität (da diese an den Leitzins der amerikanischen Notenbank gekoppelt waren), der Nachfrageboom nach Hypothekarkrediten und Immobilien ging zurück und endete in einer Spirale fallender Hauspreise seit Mitte des Jahres 2006. Durch den damit eingetretenen Wertverlust der Immobilien als Kreditsicherheiten und den Zahlungsausfall der Subprime-Kreditnehmer, mussten die Banken hohe Einzelwertberichtigungen und Abschreibungen in Milliardenhöhe tätigen.

Die nachfolgende Abbildung zeigt im Überblick die bis Ende 2008 getätigten Abschreibungen internationaler Banken:

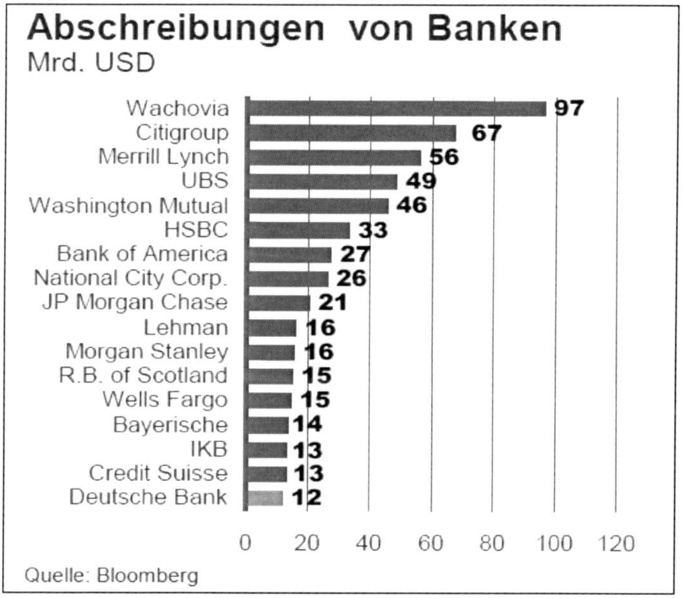

Abbildung 6: Abschreibungen internationaler Banken[84]

[84] http://www.fils.at/wp-content/uploads/2009/01/2008-01-02-abschreibung_banken.png (Zugriff am 07.04.2009 um 13:47 Uhr).

Im Juni 2007 nahm die Krise ihren Lauf. Es wurden zwei Hedge-Fonds der New Yorker Investmentbank Bear Stearns geschlossen, weil sie sich in großem Stil mit kreditfinanzierten, immobilienbesicherten Papieren (CDO) verspekuliert hatte.[85] Kurz darauf folge das Kreditinstitut Lehman Brothers, was die Vereinigten Staaten absichtlich Pleite gingen ließen – ein fataler Fehler. Die privaten und institutionellen Anleger zogen innerhalb kürzester Zeit ihr Kapital vom Kapitalmarkt ab und brachten die Banken damit in ernsthafte Liquiditätsschwierigkeiten. Dies wiederum brachte den Geld- bzw. Interbankenmarkt zum Austrocknen, denn die Kreditinstitute liehen sich gegenseitig kein Geld mehr, da niemand wusste, wie hoch der notwendige Wertberichtigungsbedarf der riskanten finanziellen Vermögenswerte bei anderen Kreditinstituten war und wie viele diese davon in ihren Büchern hatten. Es gab nicht einmal mehr Vertrauen unter den Banken selbst und aus der *„Subprime-Krise“* wurde eine *„Banken- bzw. Finanzmarktkrise“* – das Wort *„Kreditklemme“* machte die Runde.

Die weltweiten Finanzmärkte für Aktien und Unternehmensanleihen gingen daraufhin auf Talfahrt und in den USA brach eine Welle der Zwangsversteigerung von Immobilien aus. Die Banken bauten ihre Kredite im gewerblichen Bereich ab, verteuerten ihre Kredite vor allem im kurzfristigen Segment (z.B. Kontokorrent- bzw. Dispositionskredit) und reduzierten somit drastisch die Neukreditvergabe.[86] Damit kam die zentrale Stütze für Investitionen und Konsum praktisch zum Erliegen. Auf die daraus resultierende Gefahr für die globale Realwirtschaft reagierten die Zentralbanken auf der ganzen Welt mittels Zinssenkungen und pumpten beachtliche Reserven in das Bankensystem, um die Liquidität an den Finanzmärkten wieder sicherzustellen.[87]

Immer mehr Banken räumten Verwerfungen in ihren Bilanzen wegen Spekulationen mit ABS bzw. CDO ein. Darunter auch die deutschen Banken IKB-Deutsche Industriebank, Postbank, Deutsche Bank, Commerzbank und die

---

[85] Vgl. Müller, Klaus-Peter, a.a.O.: S. 3.
[86] Vgl. Kück,, Marlene, „Die Krise im Bankensektor“, Berlin 2004: S. 47.
[87] Vgl. http://berater.fidelity.de/common/pdf/maerkte/subprime_krise_entstehung.pdf (Zugriff am 09.04.2009 um 10:25 Uhr).

Landesbanken West-LB und Sachsen-LB.[88] Die Wiederbelebungsversuche der Notenbanken blieben erfolglos, denn nach einer kurzen Erholung stürzten die Aktienkurse erneut ins Bodenlose. Es folgten weitere Zinssenkungen und die Reaktionen waren immer dieselben – nach einem kurzen Durchatmen setzte sich der Absturz fort, da hinter den Wertpapieren keine Vermögenswerte mehr standen. 40 Billionen Euro sind nach Berechnungen der Asiatischen Entwicklungsbank (ADB) durch die Krise allein an Vermögenswerten vernichtet worden. [89]

Die Kettenreaktion auf den Finanzmärkten griff jetzt auf die weltweite Realwirtschaft über, da die Kreditlinien der international / national tätigen Unternehmen seitens der Banken drastisch gekürzt worden und somit keine Sicherheiten im Hintergrund standen.[90] Erste Prognosen der Weltbank und des Internationalen Währungsfonds erwarteten einen Rückgang der globalen Industrieproduktion um 15% - so stark wie seit dem Crash von 1929 nicht mehr – und einen Anstieg der Arbeitslosen um mehr als 100 Millionen Menschen.[91] Der Kaufrückgang der US-Verbraucher brachte die Volkswirtschaft der Vereinigten Staaten in eine Rezession, die sich auf das globale Wachstum auswirkte und andere Volkswirtschaften mit in Leidenschaft zog. Aus der in den USA entstandenen und sich internationalisierenden Bankenkrise wurde die *„Weltwirtschaftskrise“*. Unverzüglich und entschlossen schritten weltweit die Regierungen ein und verabschiedeten, zum Teil international koordinierte, vertrauensbildende und konjunkturstabilisierende Maßnahmen.

In der nachfolgenden Abbildung sind die Hilfspakete der USA, Chinas und Deutschlands im Überblick dargestellt:

---

88 Vgl. Köhler, Wolfgang, „Wall Street Panik – Banken ausser Kontrolle – Wie Kredithaie die Weltkonjunktur ins Wanken bringen“, Murnau am Staffelsee 2008: S. 100.

89 Vgl. Blasberg, Anita / Kohlenberg, Kerstin / Niejahr, Elisabeth, „Die Hintermänner“, erschienen in DIE ZEIT vom 02.04.2009, Nr. 15, Hamburg 2009: S. 23.

90 Zeitweise war ein Zusammenbruch des Akkreditivs zu verzeichnen, welcher ein wichtiges Zahlungsmittel des Welthandels für Käufer von Importgütern ist.

91 Vgl. ohne Verfasser, „Finanzmarktkrise und Konjunkturaussichten“, erschienen in Wirtschaft und Gesellschaft, Heft 4 / 2008, Wien 2008: S. 443.

Länder	Konjunkturpaket	In Prozent des BIP 2008
USA	787 Mrd. US-$	5,5
China	470 Mrd. US-$	11,2
Deutschland	135,6 Mrd. US-$	2,6

Abbildung 7: Konjunkturpakete in den USA, China und Deutschland[92]

Mit diesen Maßnahmen sollen die Kredite wieder zum Laufen gebracht (Rekapitalisierung der Banken) und die Nachfrage gestärkt werden.[93] Um einen Ansturm auf die Banken (*„Banken-Run"*), wie beispielsweise in Island und England geschehen, zu vermeiden, garantierten die Regierungen den Bankkunden ihre Einlagen. Weiterhin sagten die Staaten ihren schwer angeschlagenen Schlüsselindustrien, z.B. der Automobilindustrie, Bürgschaften in Milliardenhöhe zu, um der Zahlungsunfähigkeit und der damit drohenden Insolvenz und Arbeitslosigkeit entgegenzuwirken.

Am 2. April 2009 fand in London der Finanzgipfel der G-20 statt, zu dem nicht nur die größten Industriestaaten kamen, sondern auch die bedeutendsten Entwicklungs- und Schwellenländer. Ziel des Gipfels war, die Stützung des Welthandels zu erreichen, Steueroasen zu bekämpfen und über eine neue Finanzmarktarchitektur (*„prophylaktische Maßnahmen"*) zu diskutieren. Das Ergebnis ist eine Zusage von über einer Billion US-Dollar, um die Weltwirtschaft aus der Rezession zu führen und um eine Depression zu vermeiden. Die führenden Wirtschaftsmächte stellen dem Internationalen Währungsfonds 500 Milliarden US-Dollar zur Verfügung, stocken das Kapital der Weltbank und der regionalen Entwicklungsbanken um 100 Milliarden US-Dollar auf und wollen durch weitere Milliardenbürgschaften den Weltexport stützen und fördern.[94]

---

92 Eigene Darstellung in Anlehnung an Schieritz, Mark, „Glotzen oder kontrollieren?", erschienen in DIE ZEIT vom 26.03.2009 Nr. 14, Hamburg 2009: S. 26.
93 Vgl. Krugman, Paul, „Die neue Weltwirtschaftskrise", Frankfurt / Main 2009: S. 214.
94 Vgl. Goffart, Daniel, „ G20 sagt über eine Billion Dollar zu", erschienen im Handelsblatt vom 03.04.2009, Nr. 66, Hamburg 2009: S. 1.

Aktuelle Prognosen vom Internationalen Währungsfonds erwarten, dass die Volkswirtschaft der USA um 3,7% schrumpfen wird, die Wirtschaftsleistung des Euro-Raumes um 3% und Japans um 6,7%. Einzig Chinas Wirtschaft soll 2009 noch um schätzungsweise 6% zulegen. Das weltwirtschaftliche Wachstum soll erst Mitte des Jahres 2010 wieder ein positives Vorzeichen haben.[95]

Trotz des erwarteten Wirtschaftswachstums, trifft diese Weltfinanzkrise auch die Volksrepublik China mit voller Wucht und führt im Land zu erheblichen Problemen, denen sich jetzt detaillierter zugewendet werden soll.

2.2 Aktuelle Probleme der chinesischen Volkswirtschaft

Dieser Abschnitt stellt die aktuellen Probleme der chinesischen Volkswirtschaft dar. Dabei soll auf die Inflation, die Arbeitslosigkeit und die Exportwirtschaft eingegangen werden.

2.2.1 Inflation

Unter Inflation wird im Allgemeinen eine über einen längeren Zeitraum zu beobachtende signifikante Zunahme des Preisniveaus verstanden, d.h. ein Anstieg der Preise im Durchschnitt.[96] Das Problem des inflationären Prozesses liegt darin, dass er Wirkungen auf gesamtwirtschaftliche Größen, wie beispielsweise die Beschäftigung, die Einkommens- und Vermögensverteilung und das wirtschaftliche Wachstum, hat. Die am meisten verwendete Maßgröße für die Inflation ist der Preisindex für die Lebenshaltung der privaten Haushalte – kurz der Verbraucherpreisindex bzw. Consumer-Price-Index (CPI). Daneben werden allerdings auch andere Preisindizes erstellt, beispielsweise für Erzeugerpreise (Producer-Price-Index, PPI) sowie für Import- und Exportpreise.

---

95 Vgl. Esterhazy, Yvonne / Henry, Andreas / Kamp, Matthias / u.A., „Die Retter der Welt", erschienen in der Wirtschaftswoche vom 30.03.2009, Nr. 14, Düsseldorf 2009: S. 22.

96 Vgl. Baßler, Ulrich / Heinrich, Jürgen / Utecht, Burkhard, „Grundlagen und Probleme der Volkswirtschaft", Stuttgart 2002: S. 702.

Zunächst soll die Entwicklung der Inflation in China in den letzten Jahren dargestellt werden, um anschließend näher auf die aktuelle Situation einzugehen. Die nachfolgende Abbildung gibt einen Überblick über die Inflationsentwicklung in der Volksrepublik China von 1990 bis 2008:

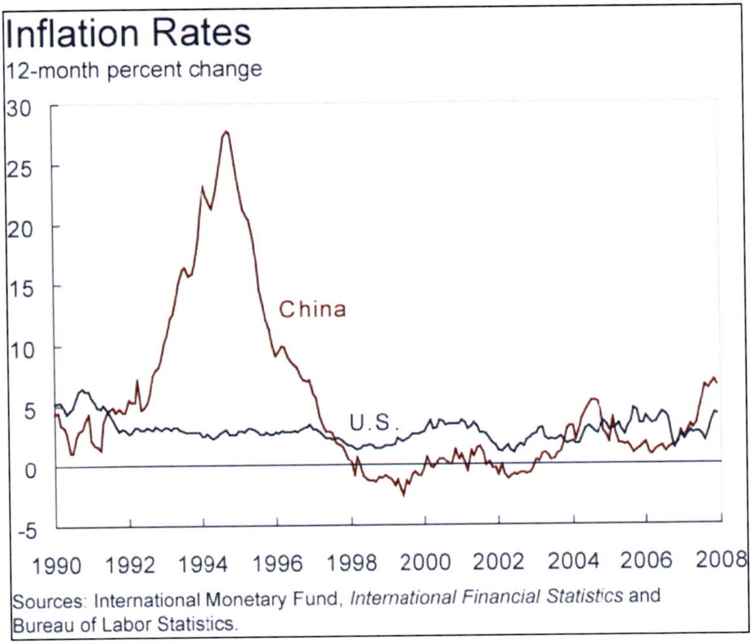

Abbildung 8: Entwicklung der Inflation von 1990 bis 2008[97]

Nach der Anpassung der landwirtschaftlichen Preise an das allgemeine Marktniveau und der Beseitigung von Preiskontrollen im Industriesektor und Einzelhandel begann nach 1990 ein Anstieg der Inflationsrate, welche ihre Spitze mit 27% Mitte des Jahres 1994 erreichte. Aufgrund einer restriktiveren

[97] http://www.clevelandfed.org/research/trends/2008/0208/01intmar-1.gif (Zugriff am 26.03.2009 um 8:53 Uhr).

Geldpolitik der chinesischen Regierung, eines boomenden Exports und einer Abwertung der Landeswährung Renminbi (Yuan) setzte ab 1995 eine Disinflation[98] ein.[99] Zwischen 1998 und 2000 erlebte China eine erste Phase der Deflation – ein Rückgang des Preisniveaus – ausgelöst durch die Asienkrise 1997/98. Ebenfalls sanken die Preise in der Zeit von 2001 bis 2003 aufgrund eines Nachfragerückgangs und Produktionsüberangebots. Mit dem Beginn des Jahrs 2003 setzte die Lungenkrankheit *„SARS“* (das Schwere Akute Respiratorische Syndrom) in China ein. Auf die negativen Folgen (rückläufiger Konsum, weniger Investitionen, lokal steigende Arbeitslosigkeit) der Lungenkrankheit reagierte die Regierung mit Investitionspaketen und einer expansiven Geld- und Fiskalpolitik. Diese Maßnahmen und der Anstieg der Lebensmittelpreise ließen die Inflationsrate wieder auf über 6% ansteigen. Nach einer Phase der Disinflation setzte ab 2007 wieder ein Anstieg des Verbraucherpreisindex ein, angetrieben von den explodierenden Lebensmittelpreisen, des boomenden Außenhandels und dem hohen Wachstums der Anlageinvestitionen.[100] Die Inflationsrate kletterte auf ein zwölfjähriges Rekordhoch von fast 9%.

Wie bereits mehrfach erwähnt, hatte die Geldpolitik der chinesischen Zentralbank (People´s Bank of China) erheblichen Einfluss auf die Inflationsentwicklung der letzten Jahre. Die Notenbank kann durch das ihr zur Verfügung stehende geldpolitische Instrumentarium die Geldmenge und das Zinsniveau steuern – sprich auch die Inflation. Die folgende Abbildung zeigt die Entwicklung des chinesischen Leitzinses von 2000 bis 2009:

---

98 Eine Disinflation ist ein Rückgang des Preisniveauanstiegs. Dagegen ist eine Deflation ein absoluter Rückgang des Preisniveaus.

99 Vgl. Narayan, K. Paresg / Narayan, Seema / Smyth, Russal, “Understanding the inflation – output nexus for China”, erschienen im China Economic Review, Volume 20, Issue 1 / 2009, Shanghai 2009: S. 83.

100 Vgl. ohne Verfasser, „Wirtschaftshandbuch Asien-Pazifik 2007/2008“, Ostasiatischer Verein e.V. – German Asia-Pacific Business Assoziation, September 2007: S. 116.

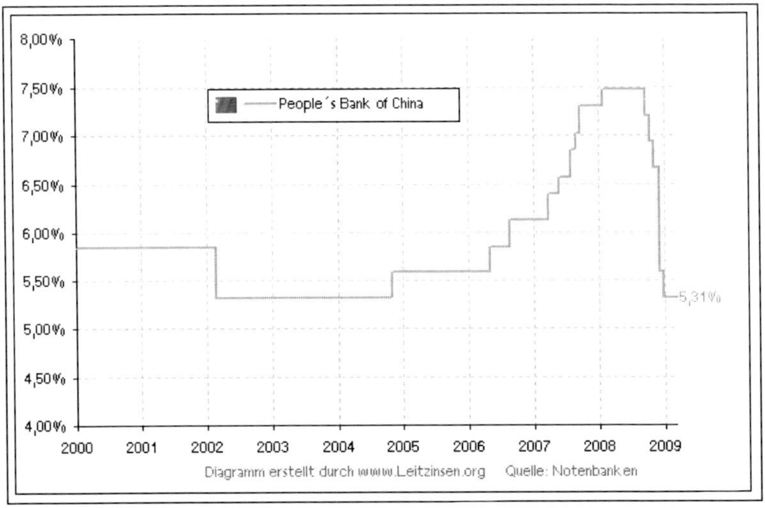

Abbildung 9: Entwicklung des Leitzinses der chinesischen Zentralbank[101]

Um ihre zwei Hauptaufgaben, die Geldwert- bzw. Preisniveaustabilität und die Unterstützung des Wirtschaftswachstums, zu erfüllen, hat die chinesische Zentralbank den Leitzins von 2000 bis Mitte 2006 auf einem ähnlich hohen Niveau gehalten wie die Europäische und Amerikanische Zentralbank im selben Zeitraum.[102] Die drohende Gefahr lag dabei in einer Überhitzung der Wirtschaft und einer drastisch wachsenden Inflationsrate. Im Zuge der ansteigenden Verbraucherpreise hoben die Zentralbanker den Zins auf bis zu 7,5% an.[103] Beachtlich ist, dass trotz einer einsetzenden restriktiven Geldpolitik von 2006 bis 2008 die Geldmenge M2[104] ihre größten Zuwachsraten hatte. Mit dem Eintreten der Weltwirtschaftskrise und deren Folgen für die Realwirtschaft erfolgte eine Zinssenkung um mehr als zwei Prozent innerhalb eines Jahres, um die Volkswirtschaft des Landes zu stützen und dem abfließenden ausländischen Kapital entgegenzuwirken.

101 http://www.leitzinsen.org/china_leitzins.html (Zugriff am 04.05.2009 um 10:19 Uhr).
102 Vgl. http://www.pbc.gov.cn/english/huobizhengce/objective.asp (Zugriff am 04.05.2009 um 10:34 Uhr).
103 Siehe Abbildung 11 auf Seite 29.
104 Umfasst nach Definition der chinesischen Zentralbank Bargeld, Sicht-, Termin- und Spardepositen. Im europäischen Wirtschaftsraum sind die Spareinlagen nicht Teil der Geldmenge M2.

Die geldpolitischen Maßnahmen der Zentralbank, meist in Form von Zinssatzänderungen, haben Auswirkungen auf die sich im Umlauf befindliche Geldmenge. Die Entwicklung der Geldmenge M2 ist in der nachfolgenden Abbildung im Vergleich zur Entwicklung des Bruttoinlandsprodukts dargestellt:

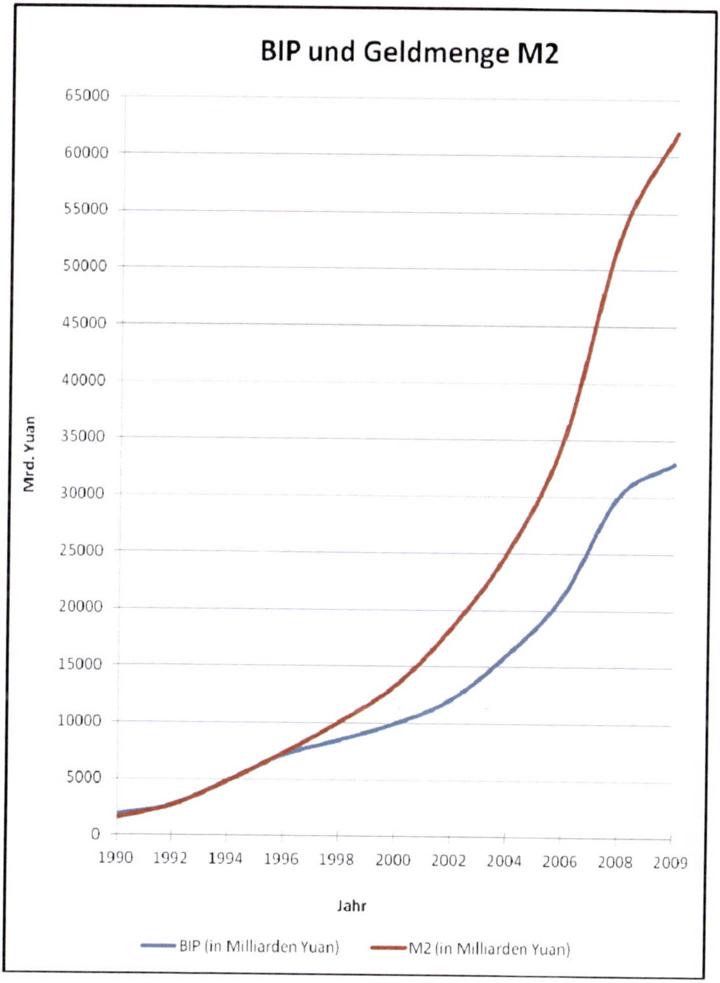

Abbildung 10: Entwicklung des BIP und der Geldmenge M2 von 1990 bis 2009[105]

[105] Eigene Darstellung in Anlehnung an McKinnon, Ronald / Schnabl, Gunther, "China´s Exhange Rate Impasses and the Weak U.S.-Dollar", Working Paper der CESifo-Group, No. 2386, Leipzig / Stanford September 2008: S. 7.

Von 1990 bis zum Jahr der Asienkrise sind Geldmenge und Bruttoinlandsprodukt in gleichem Maße gewachsen. Seitdem ist eine immer größer werdende Auseinanderentwicklung zu beobachten. Die Leitzinssenkungen ab 1998 haben noch einmal einen explosionsartigen Anstieg der Geldmenge ausgelöst. Ende des ersten Quartals 2009 war der Bargeldumlauf mit 3.374 Milliarden Yuan 10,9% höher als im Vorjahr. Die Geldmenge M1[106] wuchs um rund 17% auf 17 Billionen Yuan und die Geldmenge M2 um 25,5% auf 53 Billionen Yuan.[107] Nach Angaben der chinesischen Zentralbank soll in diesem Jahr das Kreditvolumen vier Billionen Yuan übersteigen und die Geldmenge M2 um weitere 17% gegenüber dem Vorjahr ausgeweitet werden.

Trotz dieser Zinssenkungen der vergangenen Monate und der damit bereitgestellten Liquidität sind die Verbraucher- und Erzeugerpreise im Durchschnitt weiter gefallen. Der weltweite Produktionsrückgang, der Preisverfall von Rohstoffen und die global stagnierende Nachfrage unterstützten diesen Prozess gleichermaßen. Die folgende Abbildung stellt die Entwicklung der Inflationsrate für Verbraucher- und Erzeugerpreise ab 2007 detailliert dar:

[106] Die Geldmenge M1 umfasst, nach chinesischer wie europäischer Definition, Bargeld und Sichtdepositen.

[107] Vgl. http://www.stats.gov.cn/english/newsandcomingevents/t20090416_402552269.htm (Zugriff am 23.04.2009 um 14:52 Uhr).

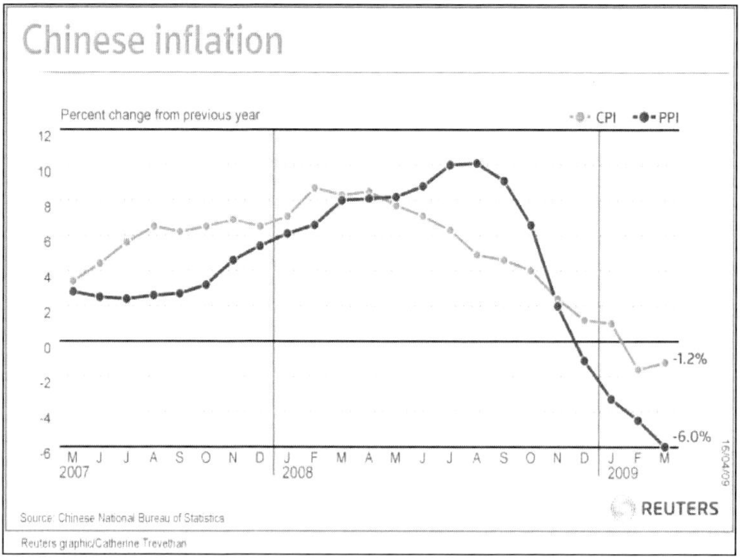

Abbildung 11: Inflationsentwicklung in China ab 2007[108]

Im Februar dieses Jahres betrug die Inflation der Verbraucherpreise -1,6% und war damit erstmals seit 2002 wieder negativ. Der Rückgang ist vor allem auf die fallenden Preise bei Kleidung (- 2,4%), Transport und Kommunikation (- 2,7 %), Tourismus, Bildung und Kultur (-0,5%) sowie Immobilien (- 2,9%) zurückzuführen. Dem steht ein Anstieg der Verbraucherpreise für Lebensmittel (+ 0,5%), Tabak und Alkohol (+ 2,0%), Haushaltswaren und Wartungsdienstleistungen (+ 2,1%) und für Gesundheitsvorsorge (+ 2,9%) gegenüber.[109]

[108] http://www.boston.com/news/world/asia/articles/2009/04/16/china_q1_gdp growth_slows_to_record_low/ (Zugriff am 16.04.2009 um 11:33 Uhr).

[109] Vgl. http://www.stats.gov.cn/english/newsandcomingevents/t20090416_402552209.htm (Zugriff am 23.04.2009 um 14:52 Uhr).

Einen ähnlichen Verlauf hat die Inflationsrate der Produktions- bzw. Erzeugerpreise. Der Rückgang der Erzeugerpreise (PPI) setzte etwa um ein Quartal zeitverzögert ein und war in kürzerer Zeit heftiger im Vergleich zu den Verbraucherpreisen (CPI). Innerhalb eines Jahres, von März 2008 bis März 2009, fiel der PPI von 8% auf -6%. Der hohe und schnelle Preisverfall ist vor allem auf den starken Preisrückgang von Rohöl (crude oil) zurückzuführen, dessen Preis seit April 2008 um 53,6% gefallen ist. Außerdem gaben die Preise der Metalle Aluminium, Zink und Kupfer um durchschnittlich 30% nach. Dagegen stiegen im Jahresvergleich die Preise für Gas um 4,6% und für Kohle um 8,9%.[110]

Ab der zweiten Jahreshälfte wird mit einem Anstieg der Inflationsrate für Verbraucherpreise auf ca. 6% gerechnet. Induziert wird dieser gravierende Zuwachs der Verbraucherpreise durch die rasante Ausweitung der Geldmenge und des Kreditvolumens der vergangenen Monate, um die Wirtschaft zu unterstützen.

Weiteren Auftrieb für die Inflation dürfte das Konjunkturpaket der Vereinigten Staaten geben. Diese pumpen angesichts der Krise immer mehr Geld in die heimische Wirtschaft. Da China von seinen Dollarreserven rund 700 Milliarden in amerikanische Staatsanleihen angelegt hat und die chinesische Währung Renminbi (Yuan) an den US-Dollar gekoppelt ist, droht der Import einer Inflation in den USA nach China.[111] Eine Inflation gibt den Vereinigten Staaten aber auch die Möglichkeit, sich mit billigem Geld ihrer (chinesischen) Schulden zu entledigen. Aufgrund dessen fordert China die Ablösung des US-Dollars als Weltleitwährung. Gleichzeitig aber tragen die Wechselkursbindung, die hohen US-Dollarreserven und die Dollarisierung internationaler Zahlungsströme zur makroökonomischen Stabilität Chinas bei.[112]

---

110 Vgl. http://www.stats.gov.cn/english/newsandcomingevents/t20090511_402557806.htm (Zugriff am 11.05.2009 um 14:19 Uhr) .

111 Aktueller Wechselkurs vom 09.05.2009: 1 US-$ = 6.81107 RMB; 1 Euro = 9.15810 RMB.

112 Vgl. Schnabl, Gunther, „Der Festkurs als merkantilistische Handelspolitik – Chinas Währungs- und Geldpolitik im Umfeld globaler Ungleichgewichte“, Publikation der Universität Tübingen, Tübingen 2005: S. 1.

Eine Inflation in den Vereinigten Staaten bzw. des US-Dollars, würde eine Verteuerung von Rohstoffen zur Folge haben, da diese in Dollar abgerechnet werden – und China ist rohstoffabhängig. Der momentane Preisverfall bei Rohstoffen bringt allerdings die Handelspartner der Volksrepublik, welche Rohstoffverkäufer sind, in Schwierigkeiten und hat unmittelbare wirtschaftliche Auswirkungen auf das Land. Seit Mitte letzen Jahres verkaufen die Handelspartner weniger Rohstoffe. Das hat rückläufige Einnahmen und ausbleibende Investitionen in China als Konsequenz – und gefährdet damit Chinas Versorgung und Wachstum.

2.2.2 Arbeitslosigkeit

Der Arbeitsmarkt und die damit einhergehenden Probleme beschäftigen die chinesische Führung schon seit langem. Doch in Zeiten des weltweiten Abschwungs sind plötzlich Arbeitsplätze im zweistelligen Millionenbereich bedroht. Die Kommunistische Partei ist wegen des explosiven sozialen Zündstoffs dieser Zahlen alarmiert und fürchtet, Massenunruhen könnten das Land ins Chaos stürzen.[113]

Es soll nun im Folgenden die bisherige Situation in China geschildert und anschließend die aktuelle Lage dargestellt werden.

Seit der wirtschaftlichen Öffnung Chinas sind 1,3 Milliarden Chinesen auf den internationalen Arbeitsmarkt getreten. Nach offiziellen Angaben sind davon ungefähr 764 Millionen erwerbstätig – das ist 20-mal mehr als in Deutschland und 5-mal mehr als in der Europäischen Union. Etwa ein Drittel der Beschäftigen (283 Millionen) sind in den Städten zu finden, die anderen zwei Drittel im ländlichen Bereich. Die Anzahl der Erwerbstätigen in den Städten nimmt seit den 90er Jahren stetig zu. Im Gegensatz dazu sind die Zahlen auf dem Land langsam rückläufig. Der durchschnittliche Beschäftigungszuwachs pro Jahr beträgt rund 7,5 Millionen.[114]

113 Vgl. http://www.wiwo.de/politik/pekings-kampf-gegen-die-arbeitslosigkeit-388800/ (Zugriff am 10.05.2009 um 10:55 Uhr).

114 Vgl. Becker, Helmut / Staub, Nils, a.a.O.: S. 184.

Vor der wirtschaftlichen Liberalisierung waren die Erwerbstätigen in den staatseigenen Unternehmen beschäftigt, was ein *„Rund-um-sorglos-Paket“* mit voller sozialer Absicherung beinhaltete – so zum Beispiel eine Arbeitsplatzgarantie, Wohnung, Arbeitskleidung, Weiterbildungsmaßnahmen, eine Krankenversicherung und Altersvorsorge. Die staatlichen Unternehmen waren und sind noch immer gekennzeichnet durch fehlende Wettbewerbsfähigkeit, mangelnde Produktivität, Leistungsdefizite, Überbeschäftigung, fehlende Flexibilität und Reagibilität auf Markterfordernisse und durch die Verschwendung von Ressourcen.[115]

Mit den Reformen zur wirtschaftlichen Öffnung und Effizienz erfolgte die Abkehr weg von der *„eisernen Reisschüssel“* und dem Einheitslohn hin zum wettbewerbsorientierten Privatunternehmen mit leistungsabhängiger Vergütung. Der Staat reduzierte langsam die Subventionen (in Form von Krediten) an die Betriebe und lockerte das Kündigungsrecht. Das hat zur Folge, dass die unter chronischen Arbeitskräfteüberschuss leidenden Staatsbetriebe die arbeitsträgen und unqualifizierten Arbeiter freisetzen müssen, um konkurrenzfähig zu werden. Ende der 90er Jahre fanden sich rund 30 Millionen Arbeiter als arbeitslos auf dem Arbeitsmarkt wieder. Hätte der Staat die Kreditversorgung komplett eingestellt, wäre die Arbeitslosigkeit deutlich höher ausgefallen. Dieser Umstrukturierungsprozess dauert bist heute an. Weiterhin strömen jährlich schätzungsweise fünf Millionen gut ausgebildete Hochschulabsolventen auf den Arbeitsmarkt, so dass sich ein gewaltiges Arbeitsangebot über die Jahre aufgebaut hat.

Ein weiteres Problem stellt die gewaltige Migration der zum Teil sehr schlecht ausgebildeten Wanderarbeiter[116] dar. Jahr für Jahr drängen rund 20 Millionen neue Arbeiter von den Binnenprovinzen in die Städte, auf der Suche nach neuen Erwerbsmöglichkeiten, einem höheren Einkommen, sozialer Versorgung und einem besseren Leben. Mittlerweile sind mehr als 150 Millionen

---

[115] Vgl. Sandschneider, Eberhard, a.a.O.: S. 81.

[116] Wanderarbeiter sind kein rein chinesisches Phänomen. In den Vereinigten Staaten sind sie ebenso zu finden, wie beispielsweise in Russland.

Wanderarbeiter in die boomenden Metropolen des Ostens gezogen, wo jedoch die meisten nur ihre ländliche Armut in eine städtische eintauschen – als Billiglohnkräfte.[117] Dadurch vollzieht sich eine überdurchschnittliche Alterung der ländlichen Bevölkerung, da die Mehrheit der Wanderarbeiter junge Menschen sind. Diese Mobilität der wandernden Arbeitsreserve ist aber keinesfalls als Urbanisierung zu betrachten, denn die Arbeiter beziehen in keiner Stadt einen festen Wohnsitz, sondern pendeln in den florierenden Küstenregionen dorthin, wo ihre Arbeitskraft benötigt wird.[118]

Die nachfolgende Abbildung stellt im Überblick die durch die Migration hervorgerufene Bevölkerungsentwicklung auf dem Land und in den Städten dar:

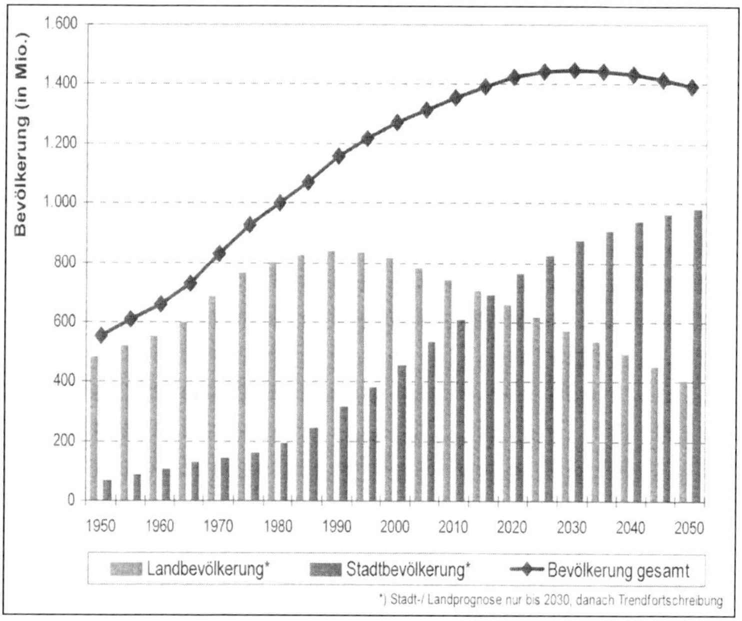

Abbildung 12: Bevölkerungsentwicklung in der Stadt und auf dem Land[119]

---

117 Vgl. Gareis, Sven Bernhard, „China – eine unsichere Weltmacht", erschienen in Gesellschaft. Wirtschaft. Politik. (GWP) – Sozialwissenschaft für politische Bildung, Heft 2 / 2008, Leverkusen 2008: S. 167.

118 Vgl. Hebel, Jutta / Schucher, Günter, „Der chinesische Arbeitsmarkt – Strukturen, Probleme, Perspektiven", Hamburg 1999: S. 189.

119 Becker, Helmut / Staub, Nils, a.a.O.: S. 239.

Deutlich zu erkennen ist ein Anwachsen der Stadtbevölkerung, wobei ungefähr ab dem Jahr 2020 eine Verlangsamung der Zunahme prognostiziert wird. Dies ist wiederum auf die bald eintretende Stagnation der Gesamtbevölkerung zurückzuführen – hervorgerufen durch die praktizierte *„Einkind-Politik"* und den steigenden Anteil der männlichen Bevölkerung. Wie bereits in den Grundlagen erwähnt, altert die chinesische Gesellschaft überdurchschnittlich verglichen mit dem weltweiten Durchschnitt.

Gründe für die Flucht in die Städte sind im sozialen Sicherungssystem Chinas zu finden sowie in der Einkommensverteilung.

Seitdem die chinesischen Staatsunternehmen und deren Arbeitseinheiten (*„Danweis"*) abgeschafft worden, sind zu Beginn des 21. Jahrhunderts schätzungsweise weniger als 20% der Bevölkerung vom *„Danwei"*-System abhängig.[120] Der Großteil der Bevölkerung ist nun selbst für eine Arbeitslosen-, Renten-, Pflege- und Krankenversicherung verantwortlich. Dazu muss jeder Arbeiter einen bestimmten Prozentsatz seines Gehalts (ca. 2%) in einen sozialen Sicherungsfonds einzahlen, einen etwas größeren Anteil (ca. 6% der Gesamtlohnkosten) tragen die Unternehmen dazu bei.[121] Ein Anspruch auf eine Rente besteht allerdings erst nach mindestens 15 Jahren Beitragszahlung. Die Landbevölkerung muss diese Summe alleine aufbringen, doch nur wenige nehmen die daraus resultierenden finanziellen Einbußen in Kauf.

Das starke Einkommensgefälle zwischen Land und Stadt ist eklatant. Beispielsweise liegt das Pro-Kopf-Einkommen in Shanghai etwas über 5.600 US-Dollar, das der Provinz Guizhou bei 435 US-Dollar.[122] Die folgende Abbildung stellt die Einkommensverteilung in der Landeswährung Yuan für das Jahr 2004 dar und verdeutlicht die starken Einkommensdisparitäten zwischen Stadt- und Land:[123]

---

120 Vgl. Zinzius, Birgit, a.a.O.: S. 48.
121 Vgl. Vgl. Becker Helmut / Staub, Nils, a.a.O.: S. 242.
122 Vgl. Sandschneider, Eberhard, a.a.O.: S. 74.
123 Durchschnittlicher Wechselkurs des Jahres 2004: 1 US-$ = 8,28 RMB.

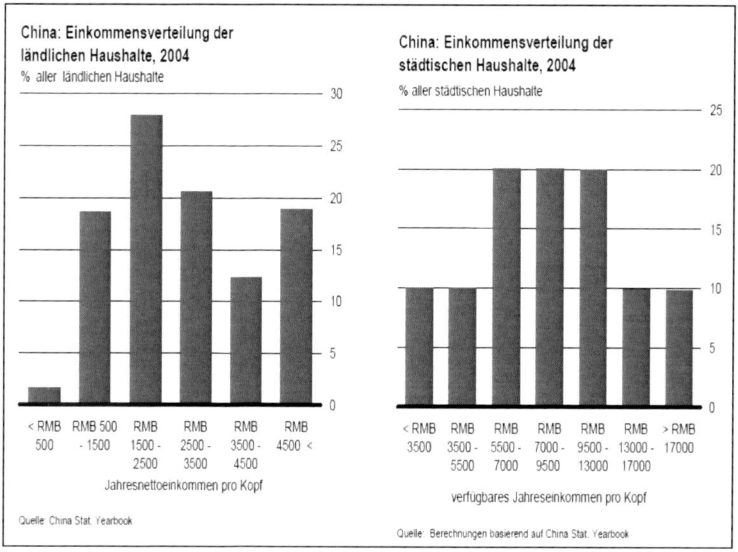

Abbildung 13: Einkommensverteilung zwischen Stadt und Land 2004[124]

Diese Ungleichverteilung hat zur Folge, dass sich die ländliche Bevölkerung kaum eine Versicherung leisten kann. In Zahlen ausgedrückt sind nur ca. 11% der Landbevölkerung rentenversichert, stellen aber über 60% der Bevölkerung dar. Zudem haben die Bauern und Landlebenden im Gegensatz zur städtischen Bevölkerung keine Möglichkeit, zusätzliches Geld durch Nebenbeschäftigungen zu verdienen. Somit bleibt nur ein erneuter *„langer Marsch"* Richtung Osten. Die Stadtregionen haben ihre Aufnahmekapazitätsgrenze allerdings längst erreicht und leiden unter extremem Belastungen. Nicht nur fehlende preiswerte Unterkünfte, soziale Infrastruktur, Verpflegung und medizinische Versorgung stellen ein Problem dar, sondern auch wachsende Kriminalität und die Entstehung unzähliger Slams.

[124] Trinh, Tamara, „China und Indien – Der Aufstieg der Mittelschicht", veröffentlicht in Deutsche Bank Research, Berlin 2006: S. 12.

Die massiven Entlassungen in den Staatsbetrieben aufgrund des Umstrukturierungsprozesses in der Industrie und die zunehmende Freisetzung von Arbeitskräften im ländlichen Raum, bedingt durch steigende Produktivitätszuwächse, übersteigen deutlich die Schaffung neuer Arbeitsplätze. Das Ergebnis der brisanten und grassierenden Arbeitslosigkeit ist die Frisierung der Arbeitslosenzahlen durch die politische Führung. Laut offiziellen Angaben aus Peking betrug die Arbeitslosenquote 2007 rund 4%, was einer Anzahl von 8,4 Millionen registrierten Arbeitslosen entspricht. Diese Zahlen repräsentieren allerdings nur die städtische Bevölkerung – auf dem Land herrscht ein enormes Maß an versteckter Arbeitslosigkeit (schätzungsweise 150 Millionen Menschen). Die Asiatische Entwicklungsbank schätzt die städtische Arbeitslosigkeit auf mindestens 8,5%, die im ländlichen Raum auf 30%.[125] Durch die nachrückende arbeitsuchende Bevölkerung (beispielsweise Hochschulabsolventen), die entlassenen Arbeiter und die Millionen Migranten müssen schätzungsweise 250 Millionen neue Arbeitsplätze geschaffen werden, um soziale, wirtschaftliche und politische Stabilität und Sicherheit zu gewährleisten.[126]

Durch die aktuelle weltwirtschaftliche Lage hat sich die Entwicklung der Arbeitslosigkeit in den letzten Monaten noch weiter verschärft und verschlechtert. Die gesunkene amerikanische Nachfrage (die USA ist der größte Importeur chinesischer Güter) hat die Industrieproduktion und die Exportwirtschaft hart getroffen und zu massiven Einbrüchen geführt. Die Folgen sind Gewinneinbrüche einheimischer sowie westlicher Unternehmen, die in China fertigen und produzieren, ein Fabriksterben in den Küstenregionen und eine rapide in die Höhe schnellende Arbeitslosigkeit.[127] Selbst die langsam wachsende Binnennachfrage wirkt dabei kaum stützend.

---

[125] http://www.auswaertiges-amt.de/diplo/de/Laenderinformationen/China/Wirtschaft.html (Zugriff am 03.04.2009 um 15:23 Uhr).

[126] Vgl. Sandschneider, Eberhard, a.a.O.: S. 75.

[127] Vgl. http://www.spiegel.de/wirtschaft/0,1518,616826,00.html (Zugriff am 23.04.2009 um 20:14 Uhr).

Bis jetzt sind allein in den exportorientierten Branchen sowie in der Bauindustrie seit Ende letzten Jahres schätzungsweise 40 Millionen Menschen arbeitslos geworden. Damit wächst der Anteil der Arbeitslosen unter den rund 150 Millionen Wanderarbeitern. Für die Jahre 2009 und 2010 prognostizieren europäische Institutionen einen Anstieg der städtischen Arbeitslosenquote auf bis zu 11% - was einer Verdoppelung entspricht.[128]

Einige Teile der Wanderarbeiter ziehen wieder auf das Land zurück, obwohl dort Arbeit noch knapper ist. Im Zuge der anhaltenden Mechanisierung der Landwirtschaft werden in den nächsten Jahren bis zu 200 Millionen Arbeitsplätze verloren gehen, so dass mit einer drastischen Zunahme der Arbeitslosigkeit zu rechnen ist.[129]

Ein anhaltender oder erneuter wirtschaftlicher Einbruch könnte das Heer der Arbeitslosen weiter vergrößern und soziale Unruhen auslösen - ein Horrorszenario für die kommunistischen Machthaber. Diese geraten mit steigender Arbeitslosigkeit immer mehr unter Druck, denn bislang hat die politische Führung ihre totalitäre Macht durch den wirtschaftlichen Aufstieg legitimiert. Die Menschen, die ihre Arbeit verloren haben, finden in der derzeitigen Situation keinen neuen Job. Dadurch fehlt in den ländlichen Gebieten ein wichtiger Teil des Familieneinkommens. Die Folge ist wachsender Unmut unter dem Heer der Wanderarbeiter, der schnell in Aufständen und Massenchaos enden kann, denn die arbeitslosen Wanderarbeiter haben in der Regel keinen Anspruch auf Sozialleistungen.[130]

---

[128] Vgl. Esterhazy, Yvonne / Henry, Andreas / Kamp, Matthias / u.A., „Die Retter der Welt“ a.a.O.: S. 21.

[129] Vgl. Schütze, Wolfgang, a.a.O.: S. 60.

[130] Vgl. http://www.handelsblatt.com/politik/international/chinas-massen-droht-die arbeitslosigkeit;2139268 (Zugriff am 10.05.2009 um 11:03 Uhr).

2.2.3 Exportwirtschaft

Die Ausfuhr von Waren gilt als die tragende Säule der chinesischen Volkswirtschaft und treibende Kraft für den wirtschaftlichen Aufstieg der vergangenen Jahre. Seit Ausbruch der Weltfinanzkrise bricht diese Stütze zusammen und schreibt negative Wachstumszahlen. Dies gilt ebenso für die Zahlen der Einfuhren. Der folgende Teil der Untersuchung stellt die Entwicklung des Außenhandels der Volksrepublik der letzten Jahre dar und zeigt die derzeitigen Probleme in China.

Die 1978 beschlossenen Reformen zur Öffnung des Landes führten zu einem kontinuierlichen wirtschaftlichen Aufschwung, der auch den Außenhandel Chinas angekurbelt hat. Zur Zeit der Reformen lag China im internationalen Handel auf Platz 32, mit einer Außenhandelsquote von rund 10%. Seit dem Jahr 2008 ist das Land die zweitgrößte Exportnation der Welt hinter Deutschland, wobei der gesamte Außenhandel schätzungsweise 63% des Bruttoinlandsproduktes beträgt.[131] Dabei entfallen rund 35% auf Chinas Exporte und 28% auf dessen Importe.

Dabei durchlief die Außenwirtschaftspolitik der Volksrepublik mehrere Phasen. Den Reformen von 1978 folgte acht Jahre später eine Zeit der Importsubstitution. Mit dieser Strategie unterstützte die Regierung die Herstellung von Gütern im eigenen Land, die bisher importiert werden mussten, durch die Anhebung der Einfuhrzölle.[132] In diese Zeit fällt auch die Gründung der vier Sonderwirtschaftszonen, welche ausländischen Investoren die Möglichkeit boten, in China, unter Ausnutzung der niedrigen chinesischen Löhne, zu produzieren.

---

[131] Vgl. http://www.bpb.de/veranstaltungen/HHS5CV,2,0,China_als_Weltwirtschaftsmacht: Potenziale_und_Defizite.html (Zugriff am 20.05.2009 um 13:55 Uhr).

[132] Vgl. Fischer, Doris, „China in der Weltwirtschaft“, erschienen in Informationen zur politischen Bildung – Volksrepublik China - der Bundeszentrale für politische Bildung, Heft Nr. 289, Bonn 2005: S. 16.

Nach dem Beitritt Chinas zur Weltbank und dem Internationalen Währungsfonds begann eine Phase der Exportorientierung. Dabei wurde gezielt auf die Wettbewerbsvorteile der arbeitsintensiven Produktion gesetzt. Die Regierung unterstützte die Exportwirtschaft (Export verarbeitende Industrie) und zog damit zunehmend Investoren aus Hongkong, Taiwan und anderen Anrainerstaaten an, wodurch große ausländische Direktinvestitionen ins Land flossen.

Ab 1992 bis zum Beitritt zur Welthandelsorganisation wurde während der Exportorientierung gleichzeitig eine Importsubstitutionspolitik für ausgewählte Branchen (besonders die Automobilindustrie) betrieben, damit sich diese Wirtschaftszweige im Schutze hoher Importzölle und zufließender ausländischer Direktinvestitionen entwickeln konnten.[133]

Am 11. Dezember 2001 trat China der Welthandelsorganisation bei. Das verpflichtete das Land zur Liberalisierung des Außenhandels (beispielsweise zur Öffnung aller Branchen für ausländische Direktinvestitionen, zur Senkung der Importzölle) und zur Anpassung der außenwirtschaftlichen Gesetzgebung an die Standards und Prinzipien der Welthandelsorganisation.

Die heutige Außenwirtschaftspolitik Chinas hat die wirtschaftliche Sicherheit als Ziel und ist strategisch auf die Sicherung des Zugangs in- und ausländischer Ressourcen, die Erschließung neuer Absatzmärkte und die kontinuierliche Verbesserung der internationalen Wettbewerbsfähigkeit einheimischer Unternehmen ausgerichtet. Die folgende Abbildung stellt die Entwicklung des chinesischen Außenhandels von 1997 bis 2008 im Überblick dar:

[133] Vgl. Fischer, Doris, a.a.O.: S. 18.

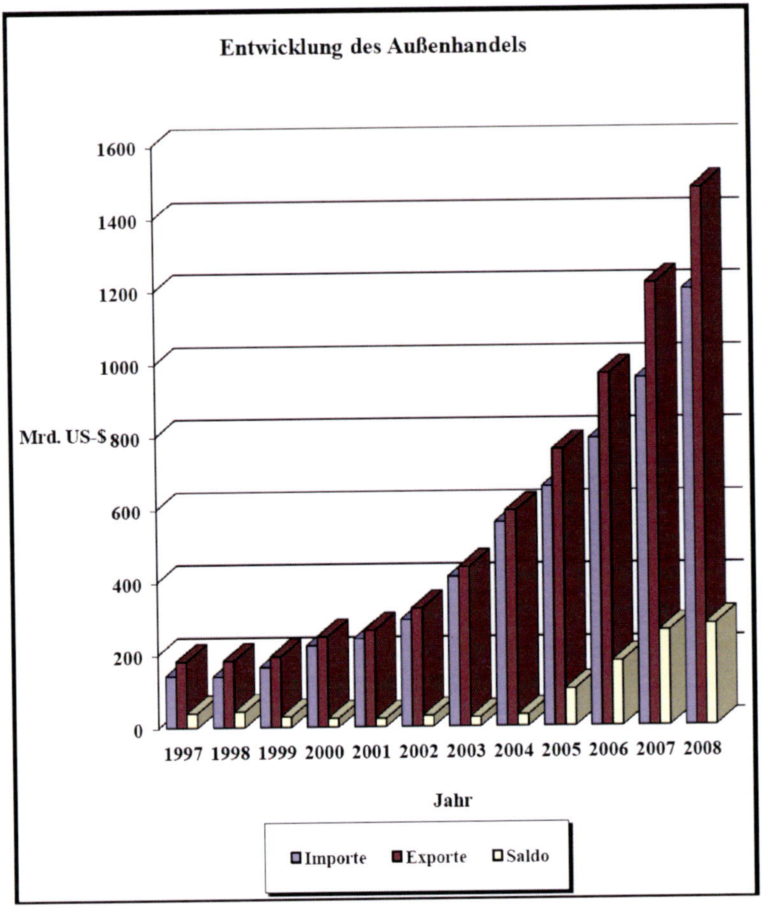

Abbildung 14: Die Entwicklung des Außenhandels von 1997 bis 2008[134]

Wie aus der obigen Abbildung ersichtlich wird, hat sich der chinesische Außenhandel in den letzten drei Jahren sehr dynamisch entwickelt, mit Wachstumsraten von etwas mehr als 20%. Diese Dynamik ist unter anderem auf die breit angelegte Exportspezialisierung und die vielseitigen globalen Handelsverflechtungen zurückzuführen, welche seit den 1990er Jahren stetig zugenommen haben.

---

[134] Eigene Darstellung, Daten von http://china-experts.de/Statistiken/Aussenhandel_der_VR_China/aussenhandel_der_vr_china.html (Zugriff am 19.05.2009 um 16:25 Uhr).

Die Volksrepublik China unterhält derzeit außenwirtschaftliche Beziehungen zu mehr als 180 Ländern. Die größten Handelspartner für den Export sind der Reihenfolge nach die Europäische Union (27 Mitgliedsstaaten), die Vereinigten Staaten, die chinesische Sonderverwaltungszone Hongkong, Japan, die ASEAN-Staaten[135], Südkorea und Taiwan. Die Bundesrepublik Deutschland ist der größte Abnehmer chinesischer Exportgüter innerhalb der Europäischen Union und der Stadtstaat Singapur in der ASEAN-Gemeinschaft.

Die folgende Abbildung stellt im Überblick die wichtigsten Hauptabnehmerländer chinesischer Waren dar:

Länder	**Volumen (in Mrd. US-$)**	**Anteil am Gesamtexport (in Prozent)**
Vereinigte Staaten	232,7	19,1
Hongkong	184,4	15,1
Japan	102,1	8,4
Südkorea	56,1	4,6
Deutschland	48,7	4,0
Singapur	29,6	2,4
Taiwan	23,5	1,9
Sonstige	540,9	44,4
Gesamt	**1218**	**100**
davon EU (27)	245,2	20,1
davon ASEAN	93,8	7,7

Abbildung 15: Die wichtigsten Exportländer für China 2007[136]

[135] ASEAN („Association of South East Asian Nations") ist eine internationale Organisation südostasiatischer Staaten. Deren Mitgliedsländer sind beispielsweise Malaysia, Thailand, Singapur und Vietnam.

[136] Eigene Darstellung in Anlehnung an „Wirtschaftsdaten kompakt", veröffentlicht von der Deutschen Botschaft in Peking, Peking 11.März 2008: S. 2. Der Wechselkursjahresdurchschnitt für 2007 ist 1 US-$ = 7,61 RMB bzw. 1 € = 10,42 RMB.

Die Außenhandelsstruktur spiegelt den Ruf Chinas als „*Werkbank der Welt*" wieder. Knapp 60% der Ein- und Ausfuhren entfallen auf ausländisch-investierte Unternehmen, für die das Land als Lohnveredelungsstandort dient. Fertigprodukte wie Unterhaltungselektronik, Bekleidung oder Schuhe stellen die Hauptausfuhrgüter dar. China ist mit Abstand der weltweit größte Elektronikexporteur. Ungefähr zwei Drittel der exportierten Güter werden von schätzungsweise 300.000 ausländischen Unternehmen in China hergestellt.[137]

Die unten stehende Abbildung zeigt die wichtigsten Exportgüter der Volksrepublik China im Überblick:

Exportwaren	**Anteil am Gesamtexport (in Prozent)**
Elektronik	28,5
Textilien und Bekleidung	14,0
Elektrotechnik	7,6
Maschinen	6,8
Chemische Erzeugnisse	4,9
Eisen und Stahl	4,2
NE-Metalle	3,9
Metallerzeugnisse	3,8

Abbildung 16: Die wichtigsten Exportgüter der Volksrepublik China 2007[138]

Unter die Warengruppe Elektronik sind unter anderem TV-Geräte, Radios und Nachrichtentechnik (13,5%) sowie Büromaschinen, EDV- und IT-Ausrüstungen (12,1%) zu zählen. Dagegen sind unter die Gruppe der Elektrotechnik allgemeine elektrische Geräte, wie beispielsweise Toaster oder Wasserkocher, zu subsumieren. Der Posten Maschinen fasst unter

[137] Vgl. http://www.auswaertiges-amt.de/diplo/de/Laenderinformationen/China/Wirtschaft.html#t5 (Zugriff am 29.05.2009 um 14:04 Uhr).
[138] Eigene Darstellung in Anlehnung an "Wirtschaftsdaten kompakt – VR China", Bundesministerium für Außenwirtschaft, Berlin 2007: S. 9.

anderem die Herstellung von Kraft-, Arbeits- und Spezialmaschinen sowie Straßen-, Luft- und Schienenfahrzeuge zusammen.

Die Importe betrugen 2008 mit 1.200 Milliarden US-Dollar rund 18,5% mehr als im Jahr 2007. Japan ist mit 13% das größte Einfuhrland Chinas, gefolgt von der Europäischen Union (12%), Südkorea (10%), Taiwan (9%) und den Vereinigten Staaten (7%).[139] Roh-, Brenn- und Treibstoffe, Vorerzeugnisse (wie Erze und Metalle), Maschinen, optische Geräte, Kunststoffe sowie Kapital- und Transportgüter werden primär importiert.[140]

Trotz der Finanzkrise und der damit einsetzenden globalen Konjunkturabkühlung, schien der Außenhandel der Volksrepublik die negativen Auswirkungen reaktionslos wegzustecken. Chinas Exportwirtschaft konnte von Januar bis September 2008 noch um rund 22% zulegen, auf 1.074 Milliarden US-Dollar. Die Importe erfuhren einen Zuwachs von 29% auf 893 Milliarden US-Dollar.[141] Das entsprach einem erwirtschafteten Handelsüberschuss von 181 Milliarden US-Dollar bis Ende September 2008.

Die erfreulich hohen Wachstumszahlen haben allerdings im Zuge der Weltwirtschaftskrise einen heftigen Dämpfer erfahren. Chinas Abnehmerländer fragten nur sehr wenig chinesische Güter nach, da die vorhandene Liquidität im eigenen Land zur Abfederung des Einbruchs und zur Stabilisierung der Konjunktur benötigt wurde. Mit Beginn des vierten Quartals 2008 begann der Export erst zu stagnieren, bevor er schlagartig rückläufig wurde und sogar negative Zahlen schrieb.

Die nachfolgende Abbildung zeigt die Wachstumsentwicklung der Industrieproduktion, der Exporte und des chinesischen Bruttoinlandsprodukts von 2007 bis zum ersten Quartal 2009:

---

139 Vgl. http://www.auswaertiges-amt.de/diplo/de/Laenderinformationen/China/Wirtschaft.html#t5 (Zugriff am 29.05.2009 um 14:04 Uhr).

140 Vgl. ohne Verfasser, Bundesministerium für Außenwirtschaft, „Wirtschaftsstrukturen und Chancen VR China", Berlin 2007, S. 9.

141 Vgl. http://www.auswaertiges-amt.de/diplo/de/Laenderinformationen/China/ Wirtschaft.html#t5 (Zugriff am 20.05.2009 um 13:28 Uhr).

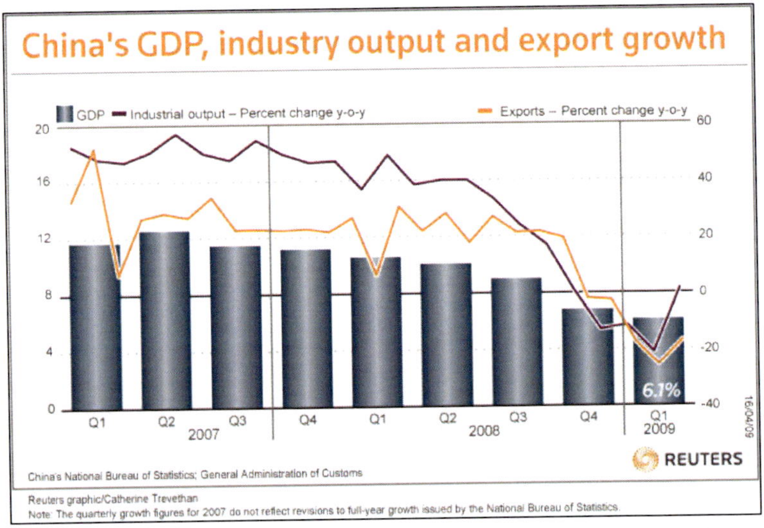

Abbildung 17: Exportentwicklung im Vergleich zum Bruttoinlandsprodukt und zur Industrieproduktion[142]

Die obige Abbildung macht deutlich, dass die Industrieproduktion als Indikator für den Exporteinbruch gesehen werden kann. Diese nahm bereits im dritten Quartal erst langsam, dann heftig ab. Der schlagartige Einbruch der Exportumsätze folgte ein Quartal später. Das negative Wachstum der Ausfuhren erreichte im Februar 2009 seinen Tiefpunkt. Verglichen zum Vorjahr erfolgte ein Rückgang um 26%.

Dieser starke Nachfrageeinbruch aus dem Ausland liegt zum großen Teil an der miserablen wirtschaftlichen Situation in den Vereinigten Staaten von Amerika, das als Ursprungsland der aktuellen Krise gilt. Aber ebenso ist eine rückläufige Nachfrage nach Gütern aus China in der Europäischen Union und Japan zu verzeichnen. Alle drei Regionen sind die wichtigsten Hauptabnehmer Chinas, denn fast die Hälfte aller hergestellten Ausfuhrgüter sind 2008 in diese Gebiete exportiert worden. Die volkswirtschaftlichen Prognosen für 2009 für jene wichtigen Handelspartner sind für die chinesische Führung und Exportunternehmerschaft besorgniserregend. So soll nach Angaben des Internationalen Währungsfonds die Volkswirtschaft der USA

[142] http://graphics.thomsonreuters.com/apr09/CN_GDP0409.jpg (Zugriff am 11.05.2009 um 11:30 Uhr).

um 3,7% schrumpfen, die der Euro-Zone um 3% und die Japans sogar um bis zu 6,7%.[143]

Besonders betroffen ist eine große Zahl chinesischer Spielzeugexporteure, denen binnen Jahresfrist mehr als die Hälfte ihres Auslandsgeschäfts weggefallen ist. Der Grund dafür ist allerdings nicht nur allein die herrschende Krise, sondern auch die mangelnde Qualität chinesischen Spielzeugs. Das Material der produzierten Spielwaren enthielt gesundheitsgefährdende Giftstoffe, worauf weltweit die Verkaufsregale mit Chinas Spielzeug geräumt worden.

Das Exportwachstum in der Textilbranche sank ebenfalls drastisch, obwohl die Regierung nach Einbrüchen im Juni die Steuernachlässe für die strauchelnde Branche erweitert hatte. Gerade in diesen beiden Wirtschaftszweigen sind aufgrund der niedrigen Lohnkosten viele schlecht ausgebildete Wanderarbeiter beschäftigt, welche nun entlassen werden müssen und somit die Probleme der Arbeitslosigkeit dramatisch verstärken.

Nachdem allerdings im Februar, stimuliert von den staatlichen Konjunkturprogrammen, die Industrieproduktion sich langsam zu erholen beginnt, werden auch die negativen Zahlen des Exportwachstums wieder kleiner. Im April wurden aber immer noch 22% weniger Waren exportiert als ein Jahr zuvor.[144] Nach neusten Prognosen des Internationalen Währungsfonds sollen sich die Ausfuhren bis Mitte des Jahres wieder auf dem Vorjahresniveau stabilisiert haben. Im Moment spricht dafür, dass das Außenhandelsvolumen mit der Europäischen Union, den USA und Japan eine kleine Erholung erfahren hat und im Mai dieses Jahres um 10% verglichen zum Vormonat zulegen konnte.[145]

---

[143] Vgl. Esterhazy, Yvonne / Henry, Andreas / Kamp, Matthias / u.A., a.a.O.: S. 22.

[144] Vgl. Wagner, Wieland, „Volksfeind Nummer Eins", erschienen in Der Spiegel, Nr. 21 / 2009, Hamburg 2009: S. 70.

[145] Vgl. http://german.mofcom.gov.cn/aarticle/nachrichten/200905/20090506273164.html (Zugriff am 30.05.2009 um 11:04 Uhr).

2.3 Methodisch-theoretische Lösungsansätze

Unter Berücksichtigung unterschiedlicher wirtschaftswissenschaftlicher Modelle lassen sich verschiedenartige methodisch-theoretische Lösungsansätze finden. Die Ursachen einiger oben genannter Probleme, wie beispielsweise die *„Einkind-Politik"*, sind nicht durch monetäre Parameter quantifizierbar. Auf die Darstellung dieser Probleme wird im weiteren Verlauf der Untersuchung verzichtet.

Es folgt eine modellmäßige Betrachtung der Probleme sowie deren Auswirkungen in Form vom ***„kann-Abläufen"***. Dies geschieht mittels der Theorie der Transmission, des IS-LM-Modells und der Theorie der Transmission monetärer Impulse.

2.3.1 Theorie der Transmission

Im kommenden Abschnitt erfolgt zunächst eine Erklärung und Definition der Theorie der Transmission. Anschließend werden die Auswirkungen des Exportrückgangs auf die chinesische Volkswirtschaft dargestellt.

Die Theorie der Transmission ist ein wirtschaftswissenschaftliches Modell, mit dessen Hilfe eine vereinfachte Darstellung der Volkswirtschaft eines Staates möglich ist.[146] Als Ausgangspunkt dient dazu die volkswirtschaftliche Grundgleichung der Entstehung und Verwendung des Bruttoinlandsprodukts. Darauf aufbauend werden die Wirkungszusammenhänge zwischen diesen Größen beschrieben sowie deren konkrete Entstehung. Durch diese einfache Abbildung komplexer wirtschaftlicher Beziehungen, sind Änderungen einer ökonomischen Größe, die damit einhergehenden Auswirkungen auf alle anderen Größen sowie deren Rückwirkungseffekte übersichtlich darstellbar. Außerdem besteht die Möglichkeit, die realwirtschaftlichen wie monetären Effekte aufzuzeigen.

---

[146] Vgl. Urbatsch, René-Claude, Seminar „Internationales Finanzmanagement", Sommersemester 2008, Hochschule Mittweida.

Die auf der nächsten Seite folgende Abbildung stellt die Theorie der Transmission im Überblick dar:

$$Ex_{Güter} = Im_{Kapital} = f\,(\Delta p_{ia}, \Delta i_{ia}, \Delta wk_{ia}, \Delta M_{ia}, \Delta \mu_{ia}, \Delta \delta_{ia}, \text{u.A.})$$

$$\text{u.A.} + \text{Sub.} + \text{Trans.} = A^{Staat} = E^{Staat} = \text{Tax.} + \text{Geb.} + \text{Sozi.} + tY^{zv}. + \text{u.A.}$$

Rationalisierung →

$Y^v - C = S = I_i =$ Ersatz → $= I_a$

Erweiterung →

$$A + B + K = Y^r = C + I_i + A^{Staat} + (Ex - Im)$$

$$C = C^a + cY^v$$

$$Y^v = Y^{Brutto} - \text{Sozi.} - \text{Tax} - \text{Geb.} - tY^{zv} + \text{Trans.}$$

Abbildung 18: Theorie der Transmission[147]

[147] Eigene Darstellung in Anlehnung an Urbatsch, René-Claude, Seminar „Internationales Finanzmanagement", Sommersemester 2008, Hochschule Mittweida.

Wie aus Abbildung 18 ersichtlich ist, entspricht ein Export von Gütern einem Import von Kapital. Um die Auswirkungen ganzheitlich darstellen und verstehen zu können, sind Grundkenntnisse im monetären Bereich unumgänglich. Deswegen sollen kurz die dazu notwendigen Verständnisgrundlagen aufgegriffen werden.

Eine einfache und verständliche Erklärung dazu liefert der Ansatz des Geldbasiskonzepts unter Berücksichtigung des Geldschöpfungsmultiplikators.[148] Die folgende Abbildung gibt im Überblick den Zusammenhang zwischen Wirtschaftsakteuren, Geldmenge und Geldschöpfungsmultiplikator wieder:

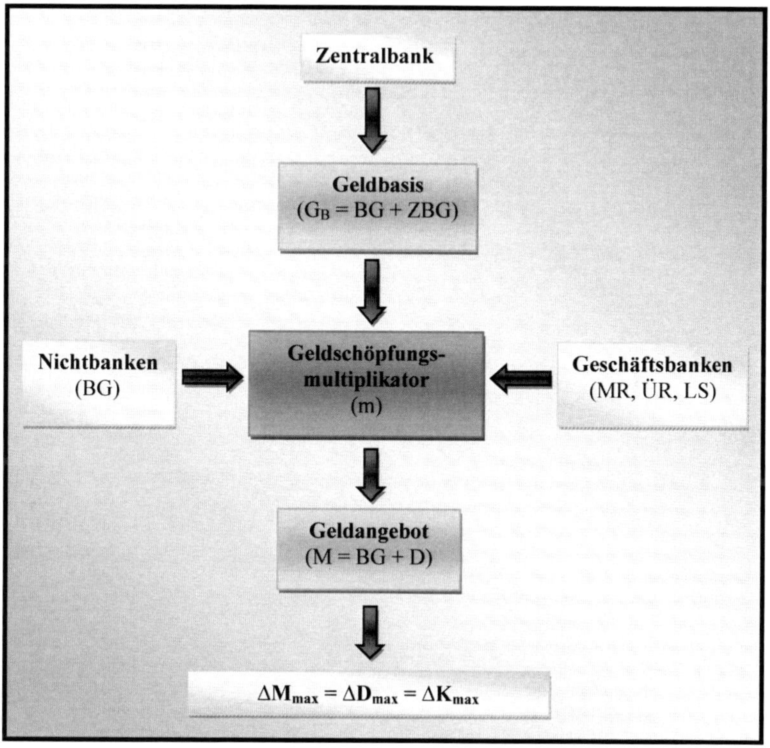

Abbildung 19: Geldbasis und Geldschöpfungsmultiplikator[149]

148 Vgl. Issing, Ottmar, „Einführung in die Geldtheorie“, München 2007: S. 66 ff.
149 Eigene Darstellung in Anlehnung an Duwendag, Dieter / Ketterer, Karl-Heinz / Kösters, Wim /u.A., „Geldtheorie und Geldpolitik in Europa“, Berlin - Heidelberg 1999: S. 111 ff.

Die in einer Volkswirtschaft zirkulierende Geldmenge[150] wird von der Geldpolitik der jeweiligen Zentralbank, der individuellen Geschäftspolitik der Kreditinstitute und dem Verhalten der Nichtbanken beeinflusst. Zu den Nichtbanken sind die Unternehmen und die privaten Haushalte zu subsumieren.

Die monetäre Basis bzw. Geldbasis ist definiert als die Summe des Bargeldumlaufes und der Zentralbankguthaben aller Geschäftsbanken. Mit Hilfe der Geldbasis haben die Kreditinstitute die Möglichkeit der Kredit- und Giralgeldschöpfung. Dabei greifen die Kreditanstalten auf einen Teil ihrer frei verfügbaren Zentralbankguthaben (sog. Überschussreserven) zurück und hinterlegen dafür bei der Zentralbank eine Mindestreserve in Höhe des aktuell gültigen Mindestreservesatzes für Sicht-, Termin- und Spardepositen.[151] Die Zentralbank kann also über die Bereitstellung von Zentralbankgeld die Geld- bzw. Kreditschöpfung sowie die Konditionsgestaltung der Kredit- und Einlagenzinsen steuern. Allerdings können sich die Kreditinstitute untereinander nicht benötigtes Zentralbankgeld über den sogenannten Interbankenmarkt leihen. Weiterhin beeinflussen die Nichtbanken in Abhängigkeit ihres Zahlungsverhaltens und ihrer Präferenz zur Bargeldhaltung[152] die zirkulierende Geldmenge.

Geht man davon aus, dass Kreditinstitute nach einer risikooptimalen Ertragsmaximierung streben, werden diese so lange zusätzliches Giralgeld in Form von Krediten anbieten, bis die zuvor frei verfügbaren Überschussreserven durch Mindestreserven und Bargeldbestände absorbiert sind – also der Liquiditätssaldo Null entspricht.[153] Das heißt, dass sich die maximal mögliche Geldmenge als ein Vielfaches (Geldschöpfungsmultiplikator) der von der Zentralbank zur Verfügung gestellten Geldbasis ergibt. Bei Erreichung dieser maximalen Geldmenge besteht keine Möglichkeit einer weiteren Kredit- bzw.

[150] Wird im Folgenden der Begriff Geldmenge bzw. die formale Abkürzung „M“ verwendet, so ist damit das Geldmengenaggregat „M2“ nach Definition der chinesischen Zentralbank gemeint. Dieses umfasst Bargeld, Sicht-, Termin- sowie Spareinlagen.

[151] Vgl. Thiemer, Andreas, „Geldschöpfungsmultiplikator“, erschienen in Das Wirtschaftsstudium (WISU), Nr. 2 / 09, Düsseldorf 2009: S. 205.

[152] Die Bargeldhaltung wird in der wirtschaftswissenschaftlichen Literatur auch als Bargeldneigung (c) oder Kassenhaltungsdauer (k) bezeichnet.

[153] Vgl. Issing, Ottmar, a.a.O.: S 67. ff.

Giralgeldschöpfung. Damit herrscht eine Identität von Geld- und Kreditnachfrage sowie von Kredit- und Geldangebot.

Im Folgenden soll aus den vielen Problemen der Volksrepublik China das des Exportrückganges näher betrachtet und dessen Auswirkungen aufgezeigt werden.

Eine Abnahme der Ausfuhr von Gütern entspricht zunächst einem Rückgang des aus dem Ausland kommenden Kapitals und damit einer Verringerung der inländischen Geldmenge. Dieser Rückgang führt zu einer Änderung der Depositenbestände, speziell der Sichtdepositen, da die Bezahlungen internationaler Kapitalströme nicht mit Bargeld erfolgt. Eine Abnahme der Geldmenge bzw. der Depositenbestände bewirkt gleichzeitig einen Rückgang des maximalen Kreditvolumens, da die Kredite der Geschäftsbanken über Depositen refinanziert werden.

Diese Rückgänge führen, unter der Annahme konstanter ausländischer Geldmengen, zur Veränderung der internationalen Zins- und Preisdifferenz sowie zu einer Änderung des Wechselkurses. Parallel dazu erfolgt eine Änderung des Bruttoinlandsprodukts, da auf der Entstehungsseite der volkswirtschaftlichen Grundgleichung ein Rückgang des Faktors Kapital zu verzeichnen ist.

Eine Veränderung der internationalen Zins- und Preisdifferenz beeinflusst die Investitionsentscheidungen der Unternehmen. Steigen die Zinsen, ist **kurzfristig** davon auszugehen, dass ein Rückgang der Ausgaben für Erweiterungs- und Rationalisierungsinvestitionen auftreten wird. Im Gegensatz dazu sind Ersatzinvestitionen nicht zinsreagibel. Das heißt, auch bei einem steigenden Zinssatz erfolgen weiterhin unbedingt notwendige Investitionen zum Austausch defekter Maschinen, um kostspielige Konventionalstrafen zu vermeiden. **Mittel- bis langfristig** ist allerdings mit einer Anpassung des Verhaltens der Unternehmen an ein verändertes Zinsniveau zu rechnen, so dass auf lange Sicht wieder Erweiterungs- und Rationalisierungsinvestitionen getätigt werden.

Je nach Veränderung des Zinssatzes erfolgt eine Änderung der Unternehmensgewinne. Bei steigenden Zinssätzen, also einer Verteuerung der Finanzierungskosten, ist mit rückläufigen bilanzwirksamen Unternehmensgewinnen zu rechnen. Sind die Kosten, speziell die Lohnkosten, nicht mehr durch entsprechende Erlöse gedeckt, drückt sich dies in einer negativen Veränderung des Beschäftigungsstandes aus. Das betrifft auch westliche Unternehmen, welche in China produzieren lassen und ihre Güter in alle Welt exportieren. Einsetzende Arbeitslosigkeit ändert die Erwartungen der Bürger, welche nun aufgrund des fehlenden frei verfügbaren Arbeitseinkommens vorsichtiger disponieren, was sich in erhöhter Kassenhaltung und sinkenden Konsumausgaben niederschlägt.[154] Ein Rückgang der Konsumausgaben bewirkt eine Verringerung des realen Bruttoinlandsprodukts, also einen Rückgang der gesamtwirtschaftlichen Nachfrage. Dies führt zu einer Unterauslastung des Produktionspotenzials einer Volkswirtschaft und zu einem Angebotsüberhang. Daraus resultiert eine Abnahme der Verbraucherpreise sowie der inländischen Geldmenge. Damit kann der eben beschriebene Kreislauf, bei nicht entsprechend eingeleiteten Präventivmaßnahmen, von neuem beginnen.

Bei fallenden Zinssätzen kann der umgekehrte Fall eintreten. Größere Unternehmensgewinne können zu mehr Beschäftigung, zu mehr verfügbarem Einkommen und Vermögen, zu steigenden Konsumausgaben und damit zu einer positiven Veränderung des realen Bruttoinlandsprodukts führen. Aus einem zunehmenden Bruttoinlandsprodukt können eine höhere Ausnutzung des volkswirtschaftlichen Produktionspotenzials sowie ein Anstieg der Verbraucherpreise resultieren.

Es ist allerdings denkbar, dass die Kreditinstitute die Zinssatzänderungen nicht an Unternehmen und private Haushalte weitergeben. Beispielsweise könnten die Geschäftsbanken ihre Überschussreserven durch günstige Refinanzierungskosten bei der Zentralbank aufstocken und diese am Geld- bzw. Kapitalmarkt anlegen.

---

[154] Vgl. Baßler, Ulrich / Heinrich, Jürgen / Utecht, Burkhard, a.a.O.: S. 850.

Die folgende Abbildung stellt die eben beschriebene Argumentationskette der Auswirkungen rückläufiger Exporte im Überblick dar:

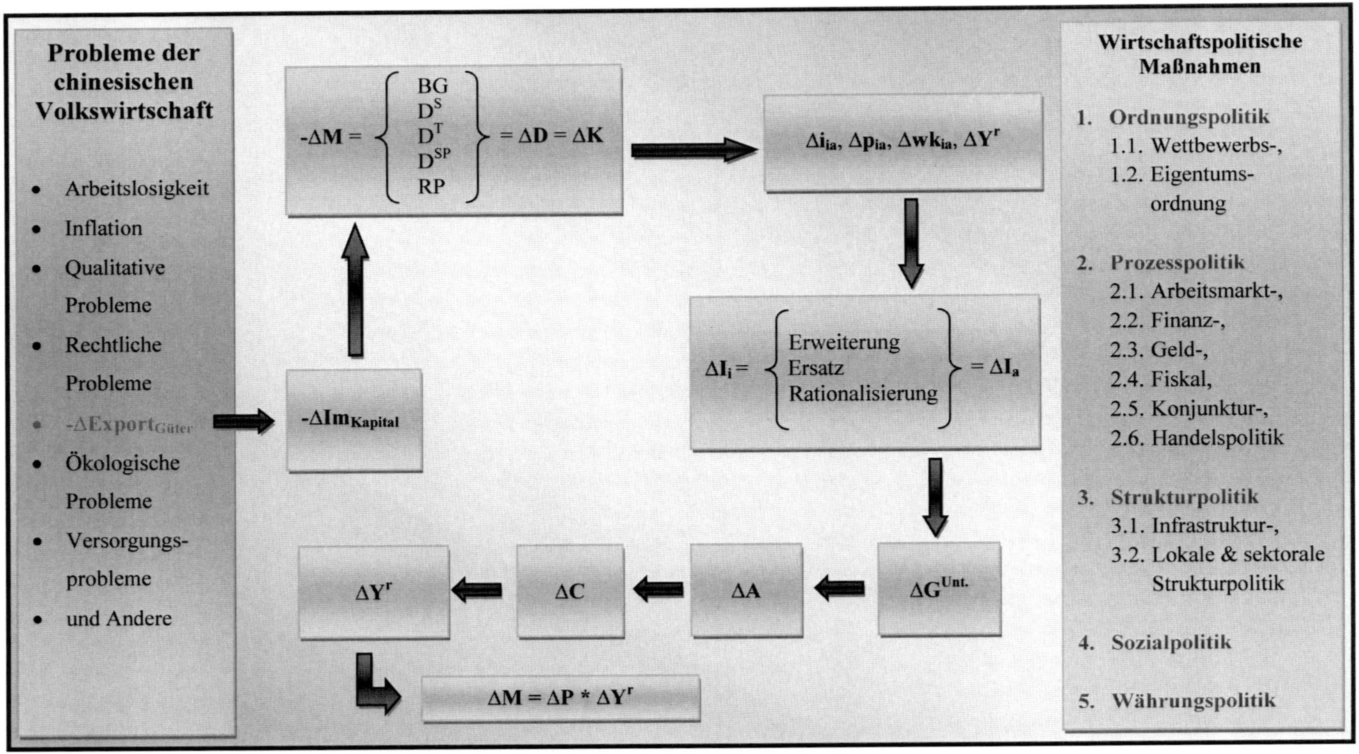

Abbildung 20: Auswirkungen der Probleme in der Exportwirtschaft[155]

[155] Eigene Darstellung.

Diese wirtschaftliche Notsituation mit all ihren Konsequenzen erfordert rasches politisches Handeln. Dafür stehen der staatlichen Führung sowie der unabhängigen Zentralbank einer Volkswirtschaft verschiedenartige wirtschaftspolitische Instrumente zur Verfügung. Das sind zum einen gestaltende Eingriffe in die Ordnungs-, Prozess- und Strukturpolitik mit ihren jeweiligen Subdisziplinen, wobei der Staat bei der Prozesspolitik aktiv in die Marktprozesse, also nachfrageorientiert, einschreitet. Zum anderen kann über die Sozial- und Währungspolitik gestaltend in die Wirtschaft eingegriffen werden.

Mit dem Konjunkturpaket und den damit verbundenen staatlichen Ausgabenprogrammen sollen gezielt Inlandsprojekte gestützt, die Binnennachfrage angeregt und für neues Vertrauen in der Zukunft gesorgt werden.

Die von der chinesischen Regierung verabschiedeten wirtschaftspolitischen Maßnahmen mit einem Umfang von 470 Milliarden US-Dollar fallen in den Bereich der Prozess- und Strukturpolitik. Ein Großteil der Gelder fließt der Bauwirtschaft zu, um die Infrastruktur des Landes beispielsweise durch neue Straßen und Bildungseinrichten zu verbessern. Gleichzeitig wird damit den an Überkapazitäten leidenden und auf Staatsnachfrage angewiesenen chinesischen Bauunternehmen und deren inländischen Zulieferern geholfen, die Gewinnausfälle aus dem Exportgeschäft teilweise kompensieren zu können und somit weiteren Arbeitskräfteentlassungen entgegen zu wirken.[156] Weiterhin wird mit einer Fülle von Einzelprogrammen die chinesische Bevölkerung durch Steuererleichterungen und in Form von Zuschüssen (sogenannten Rabattgutscheinen) beim Kauf neuer langlebiger Wirtschaftsgüter, wie beispielsweise von Automobilen, Fernsehgeräten, Kühlschränken oder Wohnungen, unterstützt, um so die Inlandsnachfrage anzuregen. Außerdem stellt die chinesische Zentralbank durch eine schrittweise Absenkung des Leitzinses von 7,5% auf 5,3%, massiv Kredite für Staats- und inländische Unternehmen sowie für private Verbraucher zur Verfügung.

Bezogen auf die obige Abbildung versucht die chinesische Führung den Auftragseinbrüchen aus dem Exportgeschäft, den dadurch entstehenden

---

[156] Vgl. Erling, Johnny, „Buy Chinese: Peking last Auslandsfirmen leer ausgehen", erschienen in Der Standard am 18.06.2009, Wien 2009: S. 13.

Geldmengenrückgang und all seinen Auswirkungen entgegenzuhandeln. Dies kann realisiert werden, indem der Staat als Nachfrager auftritt und Liquidität, in Form einer expansiven Kreditvergabe, in den Markt pumpt bzw. durch Steuernachlässe im Markt belässt. Damit soll eine Zins-, Preis- und Wechselkursstabilität erreicht, ein weiteres Wachstum des Bruttoinlandsprodukts gesichert sowie steigende Arbeitslosigkeit, Inflation und soziale Unruhen verhindert werden.

Die temporären Krisenmaßnahmen aus Peking zeigen erste positive Wirkungen. Trotz weiter schrumpfender Exporte hat im ersten Quartal 2009 die Binnennachfrage, mit einem Wachstum von 15%, deutlich angezogen und die Kreditvergabe durch die Geschäftsbanken um 30% zugelegt.[157] Es ist also mehr Nachfrage im Land und mehr Produktion und Dienstleistungen von Chinesen für Chinesen zu verzeichnen. Das drückt sich ebenso im Bruttoinlandsprodukt aus, welches bis Mitte 2009 in der Krisenzeit mit 6,1% gewachsen ist.

Mit dem Mitte Juni 2009 beschlossenen Pekinger Regierungsdokument als Ergänzung der konjunkturstabilisierenden Maßnahmen, tritt ab sofort die *„Buy Chinese"*-Klausel in Kraft, um heimische Anbieter bevorzugt zu behandeln. Dies gilt insbesondere für Projekte, die über staatliche Kredite aus dem Konjunkturprogramm finanziert werden. Sind zur Realisierung eines solchen Projekts importierte Produkte notwendig, ist die Genehmigung der staatlichen Behörden einzuholen.[158] Damit verkauft China in alle Welt, aber China kauft in China.

2.3.2 IS-LM-Modell

Vor der Darstellung der Auswirkungen des Exportrückgangs auf die chinesische Volkswirtschaft soll das zur Betrachtung verwendete wirtschaftswissenschaftliche Modell erklärt und definiert werden.

---

[157] Sieren, Frank, „Ein Funke für das Wachstum", erschienen in der DER ZEIT vom 10.06.2009, Nr. 25, Hamburg 2009: S. 29.

[158] Erling, Johnny, a.a.O.: S. 13.

Das IS-LM-Konzept bildet Zusammenhänge im kurzfristigen Rahmen unterausgelasteter Kapazitäten, unter der Annahme, dass die Geldmenge (Geldangebot) exogen[159] von der Zentralbank vorgegeben ist, ab.[160] Das Modell dient der Bestimmung eines simultanen Gleichgewichts auf dem Geld- und dem Gütermarkt und setzt sich aus dem IS-Modell (Gütermarkt) und dem LM-Modell (Geldmarkt) zusammen. Auf die Abbildung dieser Einzelmodelle wird im weiteren Verlauf der Untersuchung verzichtet.[161]

Nach der Liquiditätstheorie des Zinses von John Maynard Keynes ist das Geldmarktgleichgewicht durch Übereinstimmung von Geldangebot und Geldnachfrage bestimmt. Das heißt, auf der LM-Kurve sind alle Kombinationen von Zins und Volkseinkommen abgebildet, die diese Gleichgewichtsbedingung erfüllen. Bei einem entsprechend niedrigen Zinsniveau spiegelt die Kurve in ihrem Verlauf eine völlig zinselastische Geldnachfrage wider, bei hohen Zinssätzen eine völlig zinsunelastische Geldnachfrage.[162] Bei einer Geldmengenveränderung erfährt die LM-Kurve eine Links- oder Rechtsverschiebung, was eine Zinssatzanpassung, eine Umschichtung des Geldes von der Transaktions- in die Spekulationsklasse[163] sowie eine Änderung der gesamtwirtschaftlichen Nachfrage bewirkt und somit zu einem Ungleichgewicht auf dem Arbeitsmarkt führen kann.

Die IS-Kurve repräsentiert alle möglichen Kombinationen von Zins und Volkseinkommen, bei denen ein Gütermarktgleichgewicht durch Übereinstimmung von gewünschten Investitionen und gewünschter Ersparnis herrscht. Das gesamtwirtschaftliche Angebot stimmt demnach mit der gesamtwirtschaftlichen Nachfrage überein. Da einem höheren Zins ein niedrigeres Gleichgewichtseinkommen und einem niedrigeren Zins ein höheres Gleichgewichtseinkommen entspricht, ist der Verlauf der Kurve

---

159 In der Realität wird die Geldmenge endogen, also aus dem Wirtschaftsprozess heraus, bestimmt. Dabei wirkt die Zentralbank über Änderungen der Notenbankzinsen auf den Geld- und Kreditmarkt ein.

160 Vgl. Görgens, Egon / Ruckriegel, Karlheinz / Seitz, Franz, „Europäische Geldpolitik", Stuttgart 2004: S. 273.

161 Eine separate Darstellung und Erläuterung des IS- sowie LM-Modells ist beispielsweise zu finden bei: Baßler, Ulrich / Heinrich, Jürgen / Utecht, Burkhard, a.a.O.: S. 285 ff.

162 Vgl. Issing, Ottmar, a.a.O.: S 110.

163 Nach John Maynard Keynes sind unter Transaktionskasse Ausgaben für materielle Güter zu verstehen und unter Spekulationskasse Ausgaben für Wertpapiere.

negativ.[164] Im IS-Modell wird von einem Zusammenhang zwischen Zinssatzhöhe und Investitionsausgaben ausgegangen. Auf dieser Annahme basiert die sogenannte *„Grenzleistungsfähigkeit des Kapitals“* bzw. der interne Zinssatz. Das ist jener Zins, bei dem der Kapitalbarwert einer Investitionsausgabe bezogen auf den Zeitpunkt unmittelbar vor Beginn der Investition gleich Null ist.[165] Ist die interne Verzinsung, also die Rendite, größer als der Marktzins, der für die Inanspruchnahme von Krediten zu zahlen ist, erfolgt in der Regel eine Durchführung der geplanten Investition. Das bedeutet im Umkehrschluss, dass mehr Investitionsvorhaben realisiert werden, je niedriger der Marktzins ist. Dagegen wird die Höhe der Ersparnis durch die Höhe des Einkommens bestimmt und nicht vom Zinsniveau. Folglich kann mehr frei verfügbares Arbeitseinkommen eine Zunahme der volkswirtschaftlichen Ersparnisse bewirken.

Werden die IS- und die LM-Kurve in einer Darstellung zusammengeführt, gibt der Schnittpunkt an, dass sich der Güter- und Geldmarkt simultan im Gleichgewicht befinden. Aus dem Gleichgewichtsinlandsprodukt und dem Gleichgewichtszinssatz ergeben sich die Gleichgewichtswerte für den Konsum, die Investitionen und die Beschäftigung.

In der nachfolgenden Abbildung werden das IS-LM-Modell sowie die Auswirkungen des Exportrückganges dargestellt:

---

[164] Vgl. Baßler, Ulrich / Heinrich, Jürgen / Utecht, Burkhard, a.a.O.: S. 304.
[165] Vgl. Issing, Ottmar, a.a.O.: S 111

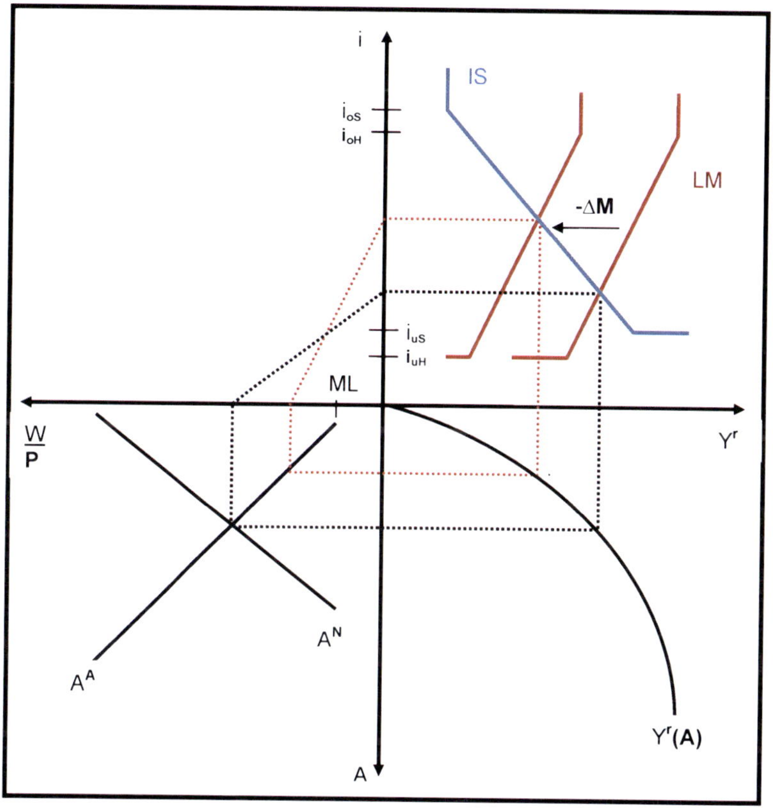

Abbildung 21: IS – LM –Modell und die Auswirkung des Exportrückganges[166]

Den Einstieg in das Modell bildet der Rückgang des importierten Kapitals aufgrund fehlender Güterexporte. Dadurch wird die inländische Geldmenge vermindert, was sich in einer Linksverschiebung der LM-Kurve ausdrücken kann. Diese Verschiebung könnte unter sonst gleichen Bedingungen zu einer Zinssatzerhöhung führen. Damit verbunden wäre eine Verteuerung der Refinanzierungskosten für die Geschäftsbanken bei der Zentralbank und

166 Eigene Darstellung in Anlehnung an Woll, Artur, „Volkswirtschaftslehre", München 2008, S. 395 ff.

eine Verteuerung der Kreditkosten für Unternehmen. Somit ist von einer geringeren Kreditnachfrage und -vergabe auszugehen. Die Banken können durch eine Erhöhung der Anlagezinsen versuchen, zusätzliche Mittel von den privaten Haushalten an sich zu binden. Damit gehen eine erhöhte Sparneigung und eine Schwächung der Konsumausgaben einher. Ein Rückgang der Konsum- und Investitionsausgaben bewirkt eine Abschwächung der gesamtwirtschaftlichen Nachfrage, eine Abnahme des realen Bruttoinlandsprodukts sowie steigende Arbeitslosigkeit, beugt allerdings gleichzeitig der Inflation vor.

Mit den eingeleiteten konjunkturstabilisierenden Maßnahmen soll die oben dargestellte Linksverschiebung der LM-Kurve abgeschwächt oder verhindert werden. Das kann mittels einer Geldmengenerhöhung in Form expansiver Kreditvergaben an Unternehmen und private Haushalte sowie durch Konsumzuschüsse und Steuernachlässe geschehen. Diese verloren gegangene Liquidität wird über eine Senkung der Leitzinsen erreicht. Dadurch haben die Geschäftsbanken die Möglichkeit, sich zu günstigeren Konditionen bei der Zentralbank zu refinanzieren und damit neue Kredite zu vergeben. Außerdem wird durch das Auftreten des Staates als Nachfrager, in diesem Fall mit der Auftragsvergabe von Infrastrukturprojekten, zusätzlich Geld in den Wirtschaftskreislauf gebracht.

Bleibt die Geldmenge annähernd konstant bzw. ist diese nur geringfügig rückläufig, erfolgt möglicherweise keine oder eine schwache Zinssatzänderung. Nehmen die Finanzierungskosten für Unternehmen nicht zu, ist von keinem größeren Rückgang der Investitionsausgaben auszugehen. Weiterhin bewirkt ein ähnliches Zinsniveau eine gleichbleibende bzw. durch die staatlichen Zuschüsse erhöhte Konsumbereitschaft. Unter diesen Annahmen ist mit einer Stabilisierung bzw. einem weiteren Wachstum des realen Bruttoinlandsprodukts zu rechnen sowie mit einem Rückgang des Anstieges der Arbeitslosigkeit.

2.3.3 Theorie der Transmission monetärer Impulse

Die beiden bereits vorgestellten Modelle allein betrachtet sind in ihren Aussagen nur ungenau, da die Schwerpunkte zum einen im realwirtschaftlichen (Theorie der Transmission) und zum anderen im monetären (IS-LM-Modell) Bereich liegen. Mit der Theorie der Transmission monetärer Impulse sollen beide Sektoren zusammengefasst dargestellt werden. Als Ergänzung dient dabei die bilanzorientierte Darstellung des Geldes[167]. Mit deren Hilfe lassen sich mikroökonomisch fundierte Aussagen über die Auswirkungen der Probleme sowie über die veranlassten wirtschaftspolitischen Maßnahmen treffen.

Es folgt zunächst eine Einführung in die Theorie der Transmission monetärer Impulse. Anschließend werden in verkürzter Form die Auswirkungen des Exportrückgangs dargestellt sowie die zu erwartenden Effekte der eingeleiteten konjunkturstabilisierenden Maßnahmen.

Mit Hilfe der Theorie der Transmission monetärer Impulse, in manchen Lehrbüchern um den Zusatz *„wirtschaftspolitischer Impulse"* ergänzt, kann der Zusammenhang zwischen Änderungen im monetären Bereich und deren Wirkungen auf den realwirtschaftlichen Sektor sowie auf das Preisniveau erklärt werden.[168] Der Transmissionsmechanismus besteht aus verschiedenen *„Kanälen"*, wie Zinskanal, Wechselkurskanal, Kreditkanal, über die das geldpolitische Instrumentarium der Zentralbank eines Landes oder Wirtschaftsraumes wirkt.

Grundsätzlich dienen diese Instrumente dazu, das oberste Ziel einer jeden Zentralbank, das der Geldwertstabilität, zu gewährleisten. Einige Zentralbanken, wie die der Vereinigten Staaten oder die Chinas, haben gleichzeitig die Unterstützung des volkswirtschaftlichen Wachstums als Aufgabe.

Als geldpolitische Maßnahmen stehen Änderungen der Referenzzinssätze und / oder Änderungen der Mindestreservesätze sowie der Überschussre-

[167] Im Anhang der Arbeit zu finden auf Seite III.
[168] Vgl. Issing, Ottmar, a.a.O.: S. 156.

serven zur Verfügung. Die Wirkungszusammenhänge werden für die realwirtschaftlichen Größen Konsum, Investition, Beschäftigung und Produktion sowie für die monetären Variablen Geldmenge, Kredit- und Depositenvolumen, Zinsen, Preise und Wechselkurse beschrieben.

Die Ziele der Transmissionstheorie sind in der nachfolgenden Abbildung dargestellt:

Theorie der Transmission		
Welche realwirtschaftlichen Sektoren durch geldpolitische Maßnahmen zuerst, welche später betroffen sind.	Wie verändern monetäre Impulse die Dispositionen der Wirtschaftssubjekte und daraus resultierende güterwirtschaftliche Größen.	Welche realwirtschaftlichen Sektoren durch geldpolitische Maßnahmen zuerst, welche später betroffen sind.

Abbildung 22: Ziele der Theorie der Transmission[169]

Allerdings wie diese Übertragungswege, die Transmissionsmechanismen, zwischen monetären Impulsen und bestimmten realwirtschaftlichen Größen wirken und welche zeitliche Verzögerung (time lag) besteht, ist bis jetzt weder theoretisch noch empirisch bewiesen.[170]

Die nachfolgende Abbildung stellt die Theorie der Transmission monetärer Impulse im Überblick dar:

[169] Eigene Darstellung in Anlehnung an Duwendag, Dieter / Ketterer, Karl-Heinz / Kösters, Wim /u.A., a.a.O.: S. 162.

[170] Vgl. Görgens, Egon / Ruckriegel, Karlheinz / Seitz, Franz, a.a.O.: S. 271.

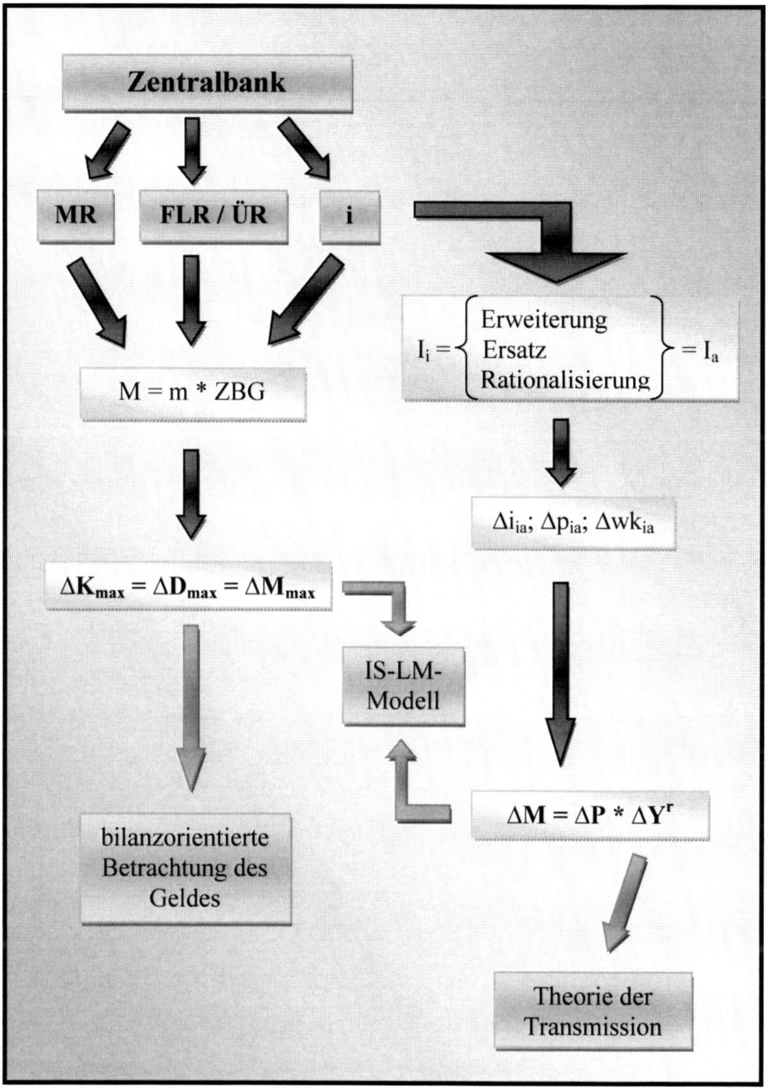

Abbildung 23: Theorie der Transmission monetärer Impulse[171]

[171] Eigene Darstellung in Anlehnung an Görgens, Egon / Ruckriegel, Karlheinz / Seitz, Franz, a.a.O.: S. 276.

Die Auswirkungen des Exportrückganges sollen nicht mehr in aller Ausführlichkeit in diesem Abschnitt erklärt werden, da die möglichen Effekte bereits an den beiden anderen Modellen dargestellt wurden. Es folgt eine Kurzfassung und anschließend die Auswirkungen der wirtschaftspolitisch flankierenden Maßnahmen.

Durch den Rückgang der Güterexporte kann eine Geldmengenabnahme erfolgen, woraus eine Zinssatzerhöhung resultiert. Diese zinsbedingte Änderung könnte sich auf die Finanzierungskosten für Kredite an Unternehmen und die Ausgabeentscheidungen der privaten Haushalte auswirken. Mit Hilfe der bilanzorientierten Betrachtung ist nun zu sehen, dass die Geschäftsbanken ihre Kreditvergabe über die Kundeneinlagen, die Depositen, refinanzieren. Durch den fehlenden Export von Gütern und den damit verbundenen Import an Kapital (Geldmengenrückgang) könnte eine Abnahme der Sichtdepositen und durch die damit verbundene Zinssatzerhöhung eine Stagnation der Kreditnachfrage erfolgen, was zu einem Abbau der Überschussreserven führen würde. Sind diese aufgebraucht, müssten die Geschäftsbanken entweder bei anderen Kreditinstituten überschüssiges Zentralbankgeld leihen oder eine verteuerte Refinanzierung über die Zentralbank in Kauf nehmen. Dies wiederum kann sich in der Weitergabe erhöhter Kreditzinsen an Unternehmen und private Haushalte ausdrücken. Resultierend aus diesen geldpolitischen Anstößen erfolgt eine Nachfrageveränderung nach Investitionen[172] und Konsum. Eine Veränderung der beiden Größen kann zu einer Änderung des realen Bruttoinlandsprodukts und des Preisniveaus führen.

Um diesen negativen Folgen entgegenzuwirken, sind flankierende konjunkturstabilisierende Präventivmaßnahmen eingeleitet worden. Welche Auswirkungen die Nachfrage des Staates sowie dessen Steuernachlässe und Kaufzuschüsse haben, wurde bereits weiter oben detailliert dargestellt. Im Folgenden soll noch einmal die Geldmengenerhöhung im Mittelpunkt stehen.

[172] Dabei gilt wieder die Unterscheidung, dass kurzfristig die Erweiterungs- und Rationalisierungsinvestitionen eingestellt werden könnten.

Eines der geldpolitischen Instrumente der Zentralbank, wie aus der obigen Abbildung ersichtlich, ist die Änderung des Leitzinses – also der Refinanzierungsbedingungen für die Geschäftsbanken bei der Zentralbank. Um dem Geldmengenrückgang und dem Zinssatzanstieg entgegenzuwirken, wurde der Leitzins nach Ausbruch der Krise und ersten Anzeichen einer Abkühlung der chinesischen Exportwirtschaft sukzessive von 7,5% auf 5,3% gesenkt. Dadurch sollen die Banken ihre vergünstigte Refinanzierung mittels preiswerter Kredite an die Unternehmen und privaten Haushalte weitergeben. Geschieht diese Weitergabe, würde weiterhin eine Giralgeldschöpfung durch die Kreditinstitute und eine Verhinderung des Geldmengenrückganges erfolgen. Damit wird eine Stabilität der internationalen Zins-, internationalen Wechselkurs- und internationalen Preisdifferenz zu erreichen versucht, was zu einer Beständigkeit der inländischen Geldmenge und des Preisniveaus führen und gleichzeitig das Wirtschaftswachstum fördern kann. Durch weiteres Wachstum könnte ein rückläufiger Anstieg oder eine Abnahme der Arbeitslosigkeit bewirkt werden und somit eine Verhinderung des Rückganges der Depositen aufgrund steigender Einkommen.

Diese eingeleiteten Maßnahmen zeigen erste positive Wirkungen. Der Konsum im Inland hat deutlich zugelegt und das Bruttoinlandsprodukt wächst weiterhin, wenn auch etwas schwächer als in der Vergangenheit. Die Kreditvergabe an Unternehmen und private Haushalte ist am Laufen und nimmt kontinuierlich zu, was sicherlich durch Druck der chinesischen Führung bewirkt wird.

3 Schluss

Ziel dieses Buches war es, ausgewählte aktuelle Probleme der chinesischen Volkswirtschaft darzustellen, welche aus der gegenwärtigen Weltwirtschaftskrise entstehen. Außerdem sollte durch eine modellmäßige Betrachtung gezeigt werden, welche Auswirkungen diese speziellen Probleme auf die chinesische Volkswirtschaft haben und welche Effekte die eingeleiteten wirtschaftspolitischen Maßnahmen hervorrufen können.

Im Folgenden werden noch einmal die Ergebnisse, Maßnahmen und Konsequenzen der vorliegenden Untersuchung aufgezeigt.

3.1 Ergebnisse

Im ersten Teil dieses Buches wurden die notwendigen Grundlagen zur Bearbeitung des Themas erläutert. Darin ist ein Überblick über die Volksrepublik China und deren Volkswirtschaft zu finden. Zudem enthielt der Abschnitt eine kurze und vereinfachte Darstellung der Weltwirtschaftskrise. Darüber hinaus wurde eine Vielzahl an Problemen aufgezeigt.

Eine Ausführung zu ausgewählten Problemen fand im zweiten Teil der Untersuchung statt. Hierin sind die aktuellen Herausforderungen der Inflation, Arbeitslosigkeit und der Exportwirtschaft genau vorgestellt und näher erläutert worden.

Den letzten Teil des Buches bildete eine modellmäßige methodisch-theoretische Betrachtung. Dabei fand keine Darstellung der Probleme, deren Ursache nicht monetär quantifizierbar ist, statt. Den Einstieg zur modellhaften Untersuchung lieferte die gegenwärtige Exportschwäche. Deren Auswirkungen auf die Real- wie Finanzwirtschaft wurden ebenso erläutert wie die Effekte der eingeleiteten konjunkturstabilisierenden Maßnahmen. Durch die Darstellung stellten sich die verheerenden Folgen der Probleme, aber auch die Gefahren und Rückwirkungen der wirtschaftspolitischen Eingriffe heraus.

3.2 Maßnahmen

In China gab es weder eine Banken- noch eine ernsthafte Immobilienkrise wie sie in anderen Ländern rund um den Globus zu verzeichnen war. Trotzdem traf die Weltfinanzkrise die Volksrepublik mit voller Wucht und zwar in erster Linie realwirtschaftlich. Zur Abfederung der negativen Auswirkungen hat die chinesische Regierung ein massives Konjunkturpaket verabschiedet, welches die Wirtschaft des Landes, beispielsweise mittels Subventionen und staatlicher Rabatte, stützen soll. Doch mit diesen kurzfristigen Maßnahmen sind die eigentlichen Probleme der Zukunft nicht gelöst.

China sollte eine dauerhafte (Teil-) Unabhängigkeit von der Exportwirtschaft anstreben. Vor allem müsste die Volksrepublik bemüht sein, ihre Exportabhängigkeit von den Vereinigten Staaten so schnell wie möglich zu lösen, um nicht mehr vom Konsum und der (Neu-) Verschuldung der größten globalen Volkswirtschaft leben zu müssen, welche China durch den Ankauf amerikanischer Staatsanleihen auch noch tatkräftig unterstützt hat. Beispielsweise könnte versucht werden, Teile der Exportwarenströme aus den Vereinigten Staaten in die Europäische Union oder in importhungrige und –abhängige Länder des afrikanischen Kontinents umzuleiten –sprich das Güterexportvolumen auf mehrere Volkswirtschaften zu verteilen.

Weiterhin sollte in China die Binnenwirtschaft, also die Inlandsnachfrage, zum Laufen gebracht werden. Einerseits bedeutet das, die Diskrepanz zwischen Arm und Reich bzw. den gewaltigen Einkommensunterschieden zu beseitigen. Verdiente die städtische Bevölkerung in den achtziger Jahren durchschnittlich ungefähr doppelt so viel wie die Landbewohner, beträgt der Unterschied mittlerweile mehr als das 3,3 fache[173]. Andererseits ist damit der dringende Aufbau eines tragfähigen und kompetenten sozialen Sicherungssystems verbunden. Dazu ist es notwendig, der chinesischen Bevölkerung vorsorgliche Absicherungen gegen Unfall, Arbeitslosigkeit, Altersarmut und Krankheit zu garantieren, damit das dafür gehortete Einkommen in den Wirtschaftskreislauf gelangt und für Konsumzwecke ausgegeben wird. Diese

---

[173] Vgl. Wagner, Wieland, „Volksfeind Nummer Eins“, erschienen in Der Spiegel, Nr. 21 / 2009, Hamburg 2009: S. 72.

Maßnahmen würden vor allem der Landbevölkerung zugutekommen, welche den größten Teil der chinesischen Bevölkerung darstellt und nicht über ausreichende Mittel zur sozialen Absicherung verfügt.

Außerdem sollte die Volksrepublik darauf achten, künftig nicht nur die ökonomischen und monetären Kriterien zu erfüllen, sondern auch die weltweit anerkannten qualitativen, ökologischen und rechtlichen Standards. Ein Schritt in diese Richtung könnte eine flächendeckende Wandlung vom Billiglohnstandort zu einer Hightech-Region, wie sie schon teilweise an der Ostküste realisiert ist, sein. Dies fördert nachhaltige Ökologie und Qualität und bindet zunehmend an die internationale Rechtsordnung.

3.3 Konsequenzen

Durch die Globalisierung und verstärkt durch das derzeit herrschende Jahrhundertfinanzdebakel hat eine Verschiebung der geopolitischen Machtstrukturen begonnen. Die Entwicklungsländer, allen voran die Volksrepublik China, welche sich als das größte und mächtigste Entwicklungsland und damit als Sprachrohr der Interessen der Anderen sieht, gewinnen zunehmend an politischem aber auch ökonomischem Einfluss.

China, das Rekordwachstumsland der vergangen Jahre, ist hart von der Weltfinanzkrise getroffen, scheint aber als erste Volkswirtschaft aus der Talfahrt herauszukommen. Das Konjunkturpaket trägt zwar zur kurzfristigen Überbrückung der problematischen Auswirkungen und zu weiterem Wirtschaftswachstum bei, ist aber durch die langfristig zu erwartenden höheren Steuer- und Schuldenlasten nicht als eine Lösung für die Zukunft anzusehen.

Ob drohende Inflation, breitflächiger Exporteinbruch und damit steigende Arbeitslosigkeit und Verarmung: China hat weitaus mehr als diese Probleme. Wirtschaftliche Stimulierungsprogramme und andere flankierende wirtschaftspolitische Maßnahmen allein werden es wahrscheinlich nicht richten, das Land langfristig zu stützen. Ebenso wenig können dadurch die von der Regierung befürchteten Massenunruhen und sozialen Proteste, aufgrund der sich verschlechternden Lage breiter Bevölkerungsschichten, abgewendet werden.

Die chinesische Führung sollte sich im Klaren sein, dass ein Staat mit einer zunehmenden gewichtigen globalen Stimme nicht auf Umwelt- und Klimaschutz, die Anerkennung und Einhaltung internationaler Qualitätsstandards für Lebensmittel und Massenprodukte sowie den Respekt und den Willen zur praktischen Durchsetzung der Menschenrechte verzichten kann. Zumindest scheint sonst das Reich der Mitte, in einer von Schlaglöchern durchzogenen Weltwirtschaft, nicht nachhaltig zukunftsfähig bestehen zu können.

Anhang

Die nachfolgende Abbildung stellt die bilanzorientierte Betrachtung des Geldes im Überblick dar:

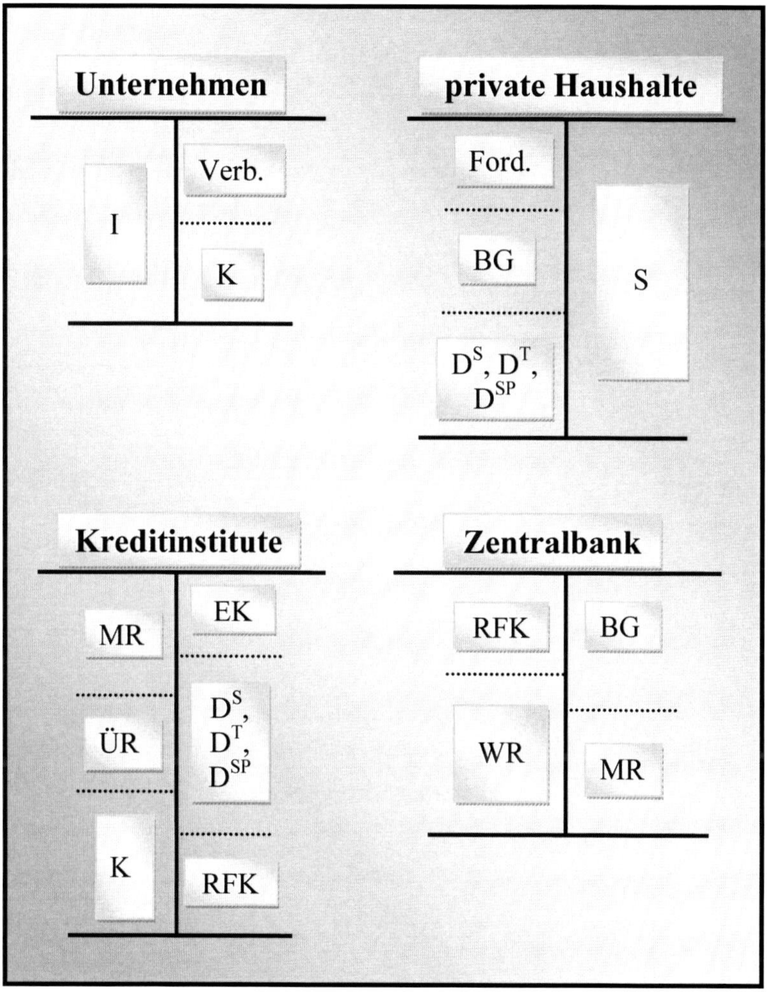

Abbildung 24: Bilanzorientierte Betrachtung des Geldes[174]

[174] Eigene Darstellung in Anlehnung an Duwendag, Dieter / Ketterer, Karl-Heinz / Kösters, Wim /u.A., a.a.O.: S. 52 ff.

Formale Abkürzungen

Auf den folgenden Seiten sind alle formalen Abkürzungen erklärt, welche im Verlauf dieser Untersuchung Verwendung fanden:

$\Delta\mu_{ia}$	Änderung der internationalen Erwartungen
ΔA	Änderung des Produktionsfaktors Arbeit
ΔC	Änderung des Konsums
ΔD	Änderung der Depositenbestände
ΔD_{max}	Änderung der maximalen Depositenbestände
$\Delta G^{Unt.}$	Änderung der Unternehmensgewinne
Δi_{ia}	Änderung der internationalen Zinsdifferenz
ΔK	Änderung des Kreditvolumens
ΔK_{max}	Änderung des maximalen Kreditvolumens
ΔM	Änderung der Geldmenge (Inland)
ΔM_{max}	Änderung des maximalen Geldangebots
ΔP	Änderung des Preisniveaus (Inland)
Δp_{ia}	Änderung der internationalen Preisdifferenz
Δwk_{ia}	Änderung der internationalen Wechselkursdifferenz
ΔY^r	Änderung des realen Bruttoinlandsprodukts
$\Delta\delta_{ia}$	Änderung des internationalen Risikos
A	Produktionsfaktor Arbeit
A^A	Arbeitskräfteangebot
A^N	Arbeitskräftenachfrage
A^{Staat}	Ausgaben des Staates
B	Produktionsfaktor Boden
BG	Bargeld
BIP	Bruttoinlandsprodukt
c	marginale Konsumquote
C	Konsum
C^a	autonomer Konsum
D	Depositen, Einlagen (D^S, D^T,D^{SP})
D^S	Sichtdepositen, Sichteinlagen

D^{SP}	Spardepositen, Spareinlagen
D^{T}	Termindepositen, Termineinlagen
EK	Eigenkapital
E^{Staat}	Einnahmen des Staates
$Ex_{Güter}$	Export von Gütern
FLR	freie Liquiditätsreserve
Ford.	Forderungen gegenüber Unternehmen aus Wertpapieren
G_B	Geldbasis
Geb.	Gebühren
i_{oH}	Habenzinsobergrenze
i_{oS}	Sollzinsobergrenze
i_{uH}	Habenzinsuntergrenze
i_{uS}	Sollzinsuntergrenze
I_a	Investitionen aus dem Ausland
I_i	Investitionen aus dem Inland
$Im_{Kapital}$	mport von Kapital
IS	Investition und Sparen
K	Produktionsfaktor Kapital
LM	Geldnachfrage (L) und Geldangebot (M)
LS	Liquiditätssaldo
m	Geldschöpfungsmultiplikator
M	Geldmenge (Geldangebot)
ML	Mindestlohn
MR	Mindestreserve
RFK	Refinanzierungskredite der Zentralbank an die Kreditinstitute
RP	Restposten
Sozi.	Sozialleistungen
Sub.	Subventionen
t	Steuersatz
Tax	Steueraufkommen
Trans.	Transferleistungen
u.A.	und Andere

ÜR	Überschussreserve
Verb.	Verbindlichkeiten gegenüber privaten Haushalten aus Wertpapieren
WR	Währungsreserven
W / p	Reallohn
Y^{Brutto}	Bruttoeinkommen
Y^{r}	reales Bruttoinlandsprodukt
Y^{v}	verfügbares Einkommen
Y^{zv}	zu versteuerndes Einkommen
ZBG	Zentralbankgeld

Literaturverzeichnis

Fach- und Lehrbücher:

Arrighi, Giovanni:
„Adam Smith in Beijing – Die Genealogie des 21. Jahrhunderts", VSA-Verlag, Hamburg 2007

Baßler, Ulrich / Heinrich, Jürgen / Utecht, Burkhard:
„Grundlagen und Probleme der Volkswirtschaft", 17. überarbeitete Auflage, Schäffer-Poeschel-Verlag, Stuttgart 2002

Becker, Hans-Paul / Peppmeier, Arno:
„Bankbetriebslehre", 7. aktualisierte Auflage, kiehl-Verlag, Ludwigshafen (Rhein) 2008

Becker, Helmut / Straub, Nils:
„Drachenflug – Wirtschaftswunder China quo vadis?", Springer Verlag, Berlin-Heidelberg 2007

Duwendag, Dieter / Ketterer, Karl-Heinz / Kösters, Wim /Pohl, Rüdiger / Simmert, Diethard B.:
„Geldtheorie und Geldpolitik in Europa", 5. neubearbeitete Auflage, Springer Verlag, Berlin-Heidelberg 1999

Geissbauer, Reinhard:
„Wirtschaftspartner China", 2. völlig neubearbeitete Auflage, Economica Verlag, Bonn 1996

Görgens, Egon / Ruckriegel, Karlheinz / Seitz, Franz:
„Europäische Geldpolitik", 4. völlig neu bearbeitete Auflage, Lucius & Lucius Verlag, Stuttgart 2004

Grabner-Haider, Anton:
„Ethos der Weltkulturen – Religion und Ethik", 1. Auflage, Vandenhoeck & Ruprecht Verlag, Göttingen 2006

Hebel, Jutta / Schucher, Günter:
„Der chinesische Arbeitsmarkt – Strukturen, Probleme, Perspektiven", Mitteilungen des Instituts für Asienkunde, Hamburg 1999

Himmelmann, Hermann / Hungerbach, Jürgen:
„Warum die Chinesen keiner versteht – und wie man mit ihnen trotzdem Geschäfte macht", aktualisierte Auflage, Piper-Verlag, München 2008

Issing, Ottmar:
„Einführung in die Geldtheorie“, 14. Wesentlich überarbeitete Auflage, Vahlen Verlag, München 2007

Köhler, Wolfgang:
„Wall Street Panik – Banken ausser Kontrolle – Wie Kredithaie die Weltkonjunktur ins Wanken bringen“, 1. Auflage, Mankau Verlag, Murnau am Staffelsee 2008

Krugman, Paul:
„Die neue Weltwirtschaftskrise“, aktualisierte und erweiterte Neuauflage, Campus Verlag, Frankfurt / Main 2009

Kück, Marlene:
„Die Krise im Bankensektor“, Berliner Wissenschafts-Verlag, Berlin 2004

Lovell, Julia:
„Die große Mauer – China gegen den Rest der Welt 1000 v. Chr. – 2000 n. Chr.“, Konrad Theiss Verlag, Stuttgart 2007

Ming- Jer, Chen:
„Geschäfte machen mit Chinesen – Insiderwissen für Manager“, Campus-Verlag, Franfurt /Main 2004

Sandschneider, Eberhard:
„Globale Rivalen – Chinas unheimlicher Aufstieg und die Ohnmacht des Westens“, Hanser-Verlag, München 2007

Schütze, Wolfgang:
„China im Wandel – Freie Wirtschaft und Herrschaft der Partei“, Studie zu den innenpolitischen Auswirkungen der chinesischen Wirtschaftsreform, AL.BE.CH.-Verlag, Lüneburg 1995

Stahl, Sabine / Mihr, Ulrich:
„Die Krallen der Tiger und Drachen – Wirtschaftsboom und Selbstbewusstsein in Asien“, Droemer Knaur, München 1995

Woll, Artur:
„Volkswirtschaftslehre“, 15. vollständig überarbeitete Auflage, Vahlen Verlag, München 2006

Zinzius, Birgit:
„China-Handbuch für Manager – Kultur, Verhalten und Arbeiten im Reich der Mitte“, 1. Auflage, Springer-Verlag, Berlin-Heidelberg 2007

Sammelwerke:

Brockhaus:
„Brockhaus-Enzyklopädie", Band 4, 19. völlig neubearbeitete Auflage, Mannheim 1987: S. 483

Bibliographisches Institut Mannheim / Wien / Zürich:
„Meyers großes Universallexikon", Band 3, Meyers Lexikonverlag, Mannheim 1981: S. 235

DIE ZEIT:
„Das Lexikon – Mit dem Besten aus der Zeit – in 20 Bänden", Band 3, Zeitverlag Gerd Bucerius GmbH & Co.KG, Hamburg 2005: S. 43

VEB Bibliographisches Institut Leipzig:
„Universal Lexikon", Band 1, 1. Auflage, Leipzig 1985. S. 361

Zeitschriften / Veröffentlichungen:

Awe, Thomas:
„Zur chinesischen Einschätzung und Auswirkung der globalen Wirtschafts- und Finanzkrise auf Provinzebene", Konrad Adenauer Stiftung e.V., Sonderbericht, Berlin Januar 2009: S. 1

Blasberg, Anita / Kohlenberg, Kerstin / Niejahr, Elisabeth:
„Die Hintermänner", DIE ZEIT vom 02.04.2009, Nr. 15, Hamburg 2009: S. 23

Böll, Sven / Papendick, Ulric:
„Gier trifft Dummheit", Managermagazin, Nr. 4 / 2008, Hamburg 2008: S. 8

Erling, Johnny:
„Buy Chinese: Peking lässt Auslandsfirmen leer ausgehen", Der Standard am 18.06.2009, Wien 2009: S. 13

Esterhazy, Yvonne / Henry, Andreas / Kamp, Matthias / Wittach Silke:
„Die Retter der Welt", Wirtschaftswoche vom 30.03.2009, Nr. 14, Düsseldorf 2009: S. 21 - 22

Esterhazy, Yvonne / Henry, Andreas / Kamp, Matthias / Wittach Silke:
„Totaler Absturz", Wirtschaftswoche vom 30.03.2009, Nr. 14, Düsseldorf 2009:
S. 21 - 24

Fähnders, Till:
„Wen Jiabao verbreitet Zuversicht“, Frankfurter Allgemeine Zeitung vom 14.03.2009, Nr. 62 / 11 D2, Frankfurt am Main 2009: S. 5

Fischer, Doris:
„Chinas sozialistische Marktwirtschaft“ und „China in der Weltwirtschaft“, Informationen zu politischen Bildung - Volksrepublik China, Bundeszentrale für politischen Bildung, Heft Nr. 289 / 2005, Bonn 2005: S. 16 und 18

Friedrich, Stefan:
„Außenpolitik“, Informationen zu politischen Bildung - Volksrepublik China, Bundeszentrale für politischen Bildung, Heft Nr. 289 / 2005, Bonn 2005: S. 61

Gareis, Sven Bernhard:
„China – eine unsichere Weltmacht?“, Gesellschaft. Wirtschaft. Politik. (GWP) – Sozialwissenschaft für politische Bildung, Heft 2 / 2008, Leverkusen 2008: S. 167

Goffart, Daniel:
„G20 sagt über eine Billion Dollar zu“, Handelsblatt vom 03.04.2009, Nr. 66, Düsseldorf 2009: S. 1

Haimann, Richard:
„Teures Ende billigen Geldes“, Immobilienwirtschaft, Nr. 9 / 2007, Freiburg 2009: S. 35

Heilmann, Sebastian:
„Aufstieg zur Weltmacht“ und „Kurze Geschichte der Volksrepublik China“, Informationen zu politischen Bildung - Volksrepublik China, Bundeszentrale für politischen Bildung, Heft Nr. 289 / 2005, Bonn 2005: S. 5 - 8

Hein, Christoph:
„China in Sorge um amerikanische Staatsanleihen“, Frankfurter Allgemeine Zeitung vom 14.03.2009, Nr. 62 / D2, Frankfurt am Main 2009: S. 15

Heberer Thomas:
„Gesellschaft im Umbruch“ und „Ethnische Minderheiten“, Informationen zu politischen Bildung - Volksrepublik China, Bundeszentrale für politischen Bildung, Heft Nr. 289 / 2005, Bonn 2005: S. 36

Hess, Dorit / Hoffbauer, Andreas:
„Chinas Exporteuren geht die Luft aus – Der aufstrebenden Volkswirtschaft brechen die Kunden noch schneller weg als Deutschland – Schlechte Nachrichten für den Welthandel", Handelsblatt vom 12.03.2009, Nr. 50, Düsseldorf 2009: S. 9

Kleining, Jochen:
„Zwischen Hoffen und Bangen – China im Sog der Finanzkrise", Adenauer Stiftung e.V., Länderbericht zur Volksrepublik China, Berlin Januar 2009: S. 3

Lanzeni, Maria L. / Hansakul, Syetarn:
„China 2020: Vor großen Herausforderungen", Deutsche Bank Research, , Frankfurt / Main 2002: S. 5

McKinnen, Robert / Schnabl, Gunther:
„China´s Exchange Rate Impasses and the Weak U.S.-Dollar", CESifo-Group, Working Paper No. 2386, Leipzig / Stanford September 2008: S. 7

Müller, Hendrik:
„Mit dem Rücken zur Wand", Managermagazin, Nr. 1 / 2009, Hamburg 2009: S. 98

Müller, Hendrik:
„Nach der Orgie", Managermagazin, Nr. 11 / 2007, Hamburg 2007: S. 124

Müller, Klaus-Peter:
„Lehren aus der Finanzmarktkrise – Hat die soziale Marktwirtschaft überlebt?", Konrad Adenauer Stiftung e.V., Analysen und Argumente, Ausgabe 63, März 2009: S. 3 - 5

Narayan, Paresh K. / Naraya, Seema / Smyth, Russel:
"Understanding the inflation – output nexus for China", China Economic Review, Volume 20, Issue 1, Shanghai March 2009: S. 83

Neubäumer, Renate:
„Ursachen und Wirkungen der Finanzkrise – eine ökonomische Analyse", Wirtschaftsdienst – Zeitschrift für Wirtschaftspolitik, Nr. 11 / 2008, Hamburg 2008: S. 735

Ohne Verfasser:
„Wirtschaftshandbuch Asien-Pazifik 2007/2008", Ostasiatischer Verein e.V. – German Asia-Pacific Business Assoziation, , 52. Ausgabe, Hamburg September 2007: S. 116

Ohne Verfasser:
„Finanzkrise und Konjunkturaussichten“, Wirtschaft und Gesellschaft, 34. Jahrgang, Heft 4 / 2008, Wien 2008: S. 443

Ohne Verfasser:
„Wirtschaftsdaten kompakt“, Deutsche Botschaft in Peking, Peking 11. März 2008: S. 2

Ohne Verfasser:
„Wirtschaftsdaten kompakt – China“, Germany Trade and Invest – Gesellschaft für Außenwirtschaft und Standortmarketing mbH, Köln November 2008: S. 1 - 3

Ohne Verfasser:
„Wirtschaftsdaten kompakt – VR China“, Bundesministerium für Außenwirtschaft (bfai), Berlin November 2008: S. 9

Ohne Verfasser:
„Wirtschaftsstrukturen und Chancen – VR China“, Bundesministerium für Außenwirtschaft (bfai), Berlin 2007: S. 3 und 9

Schieritz, Mark:
„Glotzen oder kontrollieren?“, DIE ZEIT vom 26.03.2009, Nr. 14,Hamburg 2009:
S. 26

Schnabl, Gunther:
„Der Festkurs als merkantilistische Handelspolitik – Chinas Währungs- und Geldpolitik im Umfeld globaler Ungleichgewichte“, Publikation der Universität Tübingen, Tübingen Februar 2005: S. 1

Sieren, Frank:
„Ein Funke für das Wachstum“, DIE ZEIT vom 10.06.2009, Nr. 25, Hamburg 2009: S. 29

Thiemer, Andreas:
„Geldschöpfungsmultiplikator“, erschienen in Das Wirtschaftsstudium (WISU),
Nr. 2 / 09, Düsseldorf 2009: S. 205

Trinh, Tamara:
„China und Indien – Der Aufstieg der Mittelschicht“, Deutsche Bank Research, Berlin 2006: S. 12

Wagner, Robert:
„Die internationale Finanzkrise – maybe we can't?", Konrad Adenauer Stiftung e.V., Länderbericht zur USA, Berlin März 2009: S. 3 und 8

Wagner, Wieland:
„Volksfeind Nummer eins", Der Spiegel, Nr. 21 / 2009, Hamburg 2009: S. 70 - 72

Internetquellen:

Asian Development Bank:
http://www.adb.org/Documents/Books/ADO/2009/east-asia.pdf, (Zugriff am 05.04.2009 um 11:37 Uhr)

Auswärtiges Amt:
http://www.auswaertiges-amt.de/diplo/de/Laenderinformationen/01-Laender/China.html, (Zugriff am 23.03.2009 um 10:05);
http://www.auswaertigesamt.de/diplo/de/Laenderinformationen/China/Wirtschaft.html, (Zugriff am 02.04.2009 um 9:11 Uhr);
http://www.auswaertiges-amt.de/diplo/de/Laenderinformationen/China/Wirtschaft.html#t5, (Zugriff am 20.05.2009 um 13:28 Uhr);
http://www.auswaertiges-amt.de/diplo/de/Laenderinformationen/China/Wirtschaft.html#t5, (Zugriff am 29.05.2009 um 14:04 Uhr)

bildungsklick.de – Macht Bildung zum Thema:
http://bildungsklick.de/pm/62716/in-deutschland-gibt-es-schaetzungsweise-vier-millionen-funktionale-analphabeten/, (Zugriff am 18.3.2009 um 13:39 Uhr)

Boerse-go.de:
http://www.boerse-go.de/nachricht/China-Inflationsrate-erstmals-seit-2002-negativ,a1181701.html, (Zugriff am 16.03.2009 um 8.30 Uhr)

boersenblatt.net – Online Magazin für den deutschen Buchhandel:
http://www.boersenblatt.net/179047//template/b4_tpl_blog_china/, (Zugriff am 18.03.2009 um 13:23 Uhr)

Boston Chronicle online:
http://www.boston.com/news/world/asia/articles/2009/04/16/china_q1_gdp_growth_slows_to_record_low/, (Zugriff am 16.04.2009 um 11:33 Uhr)

Botschaft der Volksrepublik China in der Bundesrepublik Deutschland:
http://german.china.org.cn/german/137251.htm,
(Zugriff am 03.04.2009 um 8:39 Uhr)

Bundeszentrale für politische Bildung:
http://www.bpb.de/veranstaltungen/HHS5CV,2,0,China_als_Weltwirtschaftsm
acht:
Potenziale_und_Defizite.html, (Zugriff am 20.05.2009 um 13:55 Uhr)

China Radio International:
http://german.cri.cn/index.htm,
(Zugriff am 03.04.2009 um 9:02 Uhr);

China Radio International:
http://german.cri.cn/chinaabc/chapter3/chapter30201.htm,
(Zugriff am 03.04.2009 um 9:15 Uhr)

China-Experts:
http://www.china-experts.de/Statistiken/Aussenhandel_der_VR_ China/
aussenhandel_ der_vr_china.html, (Zugriff am 19.05.2009 um 16:25 Uhr)

Chinaführer.de:
http://www.chinafuehrer.de/de/page/china-reisefuehrer,
(Zugriff am 23.03.2009 um 10:02 Uhr)

China-Guide.de:
http://www.china-guide.de/china/China-A-Z/religion.html,
(Zugriff am 23.03.2009 um 10:45 Uhr);
http://www.china-guide.de/china/wirtschaft/ dienstleistung.html,
(Zugriff am 04.04.2009 um 12:06 Uhr);
http://www.china-guide.de/china/geschichte/4f.befreiungskrieg.html,
(Zugriff am 23.03.2009 um 14:45 Uhr)

Chinaseite.de:
http://www.chinaseite.de/china-reise/china-kurzinfos.html,
(Zugriff am 23.03.2009 um 10:21 Uhr)

Chinaweb.de:
http://uebersicht.chinaweb.de/, (Zugriff am 23.03.3009 um 9:59 Uhr)

Das Handelsministerium der Volksrepublik China:
http://german.mofcom.gov.cn/aarticle/nachrichten/200905/2009050627
3164.html, (Zugriff am 30.05.2009 um 11:04 Uhr)

Federal Reserve Bank of Cleveland:
http://www.clevelandfed.org/research/trends/2008/0208/01intmar-1.gif, (Zugriff am 26.03.2009 um 8:53 Uhr)

Fidelity International:
http://berater.fidelity.de/common/pdf/maerkte/subprime_krise_entstehung.pdf, (Zugriff am 09.04.2009 um 10:25 Uhr)

FiLS FinanzBlog:
http://www.fils.at/wp-content/uploads/2009/01/2008-01-02-abschreibung_banken.png, (Zugriff am 07.04.2009 um 13:47 Uhr)

Gesellschaft. Wirtschaft. Politik. – Sozialwissenschaften für politische Bildung:
http://www.gwp-pb.de/texte/aktheft.html, (Zugriff am 26.03.2009 um 13:15 Uhr)

Handelsblatt online:
http://www.handelsblatt.com/politik/international/chinas-massen-droht-die-arbeitslosigkeit;2139268, (Zugriff am 10.05.2009 um 11:03 Uhr)

IMF.org – International Monetary Fund:
http://www.imf.org/external/pubs/ft/weo/2008/02/weodata/weorept.aspx?sy=2000&ey=2010&scsm=1&ssd=1&sort=country&ds=.&br=1&pr1.x=64&pr1.y=14&c=924&s=NGDP_R%2CNGDP_RPCH%2CNGDP%2CNGDPD%2CNGDP_D%2CNGDPRPC%2CNGDPPC%2CNGDPDPC%2CPPPGDP%2CPPPPC%2CPPPSH%2CPPPEX%2CPCPI%2CPCPIPCH%2CPCPIE%2CPCPIEPCH%2CLP%2CBCA%2CBCA_NGDPD&grp=0&a, (Zugriff am 02.04.2009 um 12:48 Uhr)

Jjahnke.net:
http://www.jjahnke.net/china.html, (Zugriff am 30.03.2009 um 14:52 Uhr);
http://www.jjahnke.net/gau.html, (Zugriff am 08.04.2009 um 13:20 Uhr)

KfW – Bankengruppen / Entwicklungsbank:
http://www.kfwentwicklungsbank.de/DE_Home/Laender_Programme_und_Projekte/Asien/China/Landesinformation.jsp, (Zugriff am 05.04.2009 um 10:42 Uhr)

Leitzinsen.org:
http://www.leitzinsen.org/china_leitzins.html,
(Zugriff am 04.05.2009 um 10:19 Uhr)

Leitzinsen-Info – Die Welt der Leitzinsen im Überblick:
http://www.leitzinsen.info/, (Zugriff am 07.04.2009 um 13:51 Uh)

Manager-Magazin.de:
http://www.manager-magazin.de/unternehmenvwdnews/0,2828,ticker 28250349,00.html, (Zugriff am 16.03. 2009 um 8.35 Uhr)

National Bureau of Statistis of China:
http://www.stats.gov.cn/english/newsandcomingevents/t20090416_40255226 9.htm, (Zugriff am 23.04.2009 um 14:52 Uhr);
http://www.stats.gov.cn/english/newsandcomingevents/t20090511_40255780 6.htm, (Zugriff am 11.05.2009 um 14:19 Uhr)

People´s Bank of China:
http://www.pbc.gov.cn/english/huobizhengce/objective.asp, (Zugriff am 04.05.2009 um 10:34 Uhr)

Reuters online:
http://graphics.thomsonreuters.com/apr09/CN_GDP0409.jpg, (Zugriff am 11.05.2009 um 11:30 Uhr)

Spiegel-online:
www.wissen.spiegel.de/wissen/dokument/46/31/dokument.html?titel=Subpri me-Krise&id=55551364&top=Lexikon&suchbegriff=finanzkrise&quellen= &qcrubrik=wirtschaft, (Zugriff am 09.04.2009 um 8:53 Uhr);
http://www.spiegel.de/wirtschaft/0,1518,616826,00.html, (Zugriff am 23.04.2009 um 20:14 Uhr)

Web.de:
http://magazine.web.de/de/themen/finanzen/newsticker/7776706-China-Weltretter-oder-Wortbruechige-EuramS,cc=00000554990007776 7061YzJR7.html,
(Zugriff am 16.03.2009 um 8.48 Uhr)

Wirtschaftswoche online:
http://www.wiwo.de/politik/pekings-kampf-gegen-die-arbeitslosigkeit-388800/, (Zugriff am 10.05.2009 um 10:55 Uhr)

Worldbank.org – The World Bank:
http://go.worldbank.org/K2CKM78CC0, (Zugriff am 02.04.2009 um 9:27 Uhr)

World Trade Organisation:
http://stat.wto.org/CountryProfile/WSDBCountryPFView.aspx?Language=E& Country=CN, (Zugriff am 23.03.2009 um 9:26 Uhr)

Zeit-Online:
http://www.zeit.de/2009/06/Kasten-China, (Zugriff am 30.03.2009 um 8:59 Uhr)

übriges Informationsmaterial:

Urbatsch, René-Claude:
Seminar „Internationales Finanzmanagement", Sommersemester 2008, Hochschule Mittweida

Werner Gründer

Chinas Integration in die Weltwirtschaft
Auswirkungen auf die chinesische Volkswirtschaft

Diplomica 2010 / 128 Seiten / 39,50 Euro

ISBN-13: 978-3-8366-9623-4
EAN: 9783836696234

Die wirtschaftliche Entwicklung der Volksrepublik China stellt im Kontext der Globalisierung eine außergewöhnliche Erfolgsgeschichte dar. Innerhalb von 30 Jahren wandelte sich China, im Rahmen eines graduellen Reformprozesses, vom nahezu autarken Entwicklungsland zu einer der größten Handels- und Wirtschaftsnationen der Welt.

In diesem Buch wird der chinesische außenwirtschaftliche Integrationsprozess beschrieben und dessen reale Auswirkungen auf die chinesische Volkswirtschaft untersucht. Im Rahmen der Außenhandelstheorie erfordert die Betrachtung der wirtschaftlichen Öffnung Chinas eine strukturelle Analyse und Interpretation der chinesischen Handelsströme.

Ausländische Direktinvestitionen sind ein besonders charakteristisches Merkmal im chinesischen Transformationsprozess, ihre Entwicklung und Bedeutung werden daher in dieser Studie ebenfalls behandelt.

Ralf Petzold

Schutz des geistigen Eigentums in der VR China
Überblick zu den Handlungsmöglichkeiten und Grenzen bei der Sicherung und Durchsetzbarkeit geistiger Eigentumsrechte

Diplomica 2012 / 100 Seiten / 39,50 Euro

ISBN-13: 978-3-8428-7369-8
EAN: 9783842873698

Die VR China rückte im vergangenen Jahrzehnt nicht nur durch die enormen Wachstumsraten ihrer Volkswirtschaft, sondern auch als Symbol für die Produkt- und Markenpiraterie in den Fokus der Weltöffentlichkeit. Was waren die Ursachen und Hintergründe für den gleichzeitigen Aufschwung dieses unrühmlichen Industriezweiges und welche Konsequenzen ergeben sich daraus heute für die „legalen" Unternehmen?

Die vorliegende Studie hat es sich zur Aufgabe gemacht, diese Fragen zu beantworten. Die Auswirkungen der gesetzmäßigen und verfahrenstechnischen Gegebenheiten bilden dabei den Rahmen für den Schwerpunkt der Abhandlung: Die Analyse der Grenzen und Möglichkeiten, die sich den Rechtsinhabern bei der Sicherung und Durchsetzbarkeit ihrer Ansprüche bieten.